程派八卦掌筑基功法

主　编　昌根福　王德辰　李婷婷

编　委　王振东　付　伟　孙晨耀　刘子彰　赖敏强

全国百佳图书出版单位

中国中医药出版社

· 北 京 ·

图书在版编目（CIP）数据

程派八卦掌筑基功法 / 昌根福，王德辰，李婷婷主编 . —北京：中国中医药出版社，2023.12（2024.11重印）

ISBN 978-7-5132-8420-2

Ⅰ.①程…　Ⅱ.①昌…　②王…　③李…　Ⅲ.①八卦掌—养生（中医）　Ⅳ.① G852.16 ② R212

中国国家版本馆 CIP 数据核字（2023）第 185449 号

中国中医药出版社出版

北京经济技术开发区科创十三街 31 号院二区 8 号楼
邮政编码　100176
传真　010-64405721
保定市西城胶印有限公司印刷
各地新华书店经销

开本 880×1230　1/32　印张 5.5　彩插 0.5　字数 144 千字
2023 年 12 月第 1 版　2024 年 11 月第 2 次印刷
书号　ISBN 978 - 7 - 5132 - 8420 - 2

定价　48.00 元
网址　www.cptcm.com

服 务 热 线　010-64405510
购 书 热 线　010-89535836
维 权 打 假　010-64405753

微信服务号　zgzyycbs
微商城网址　https://kdt.im/LIdUGr
官 方 微 博　http://e.weibo.com/cptcm
天猫旗舰店网址　https://zgzyycbs.tmall.com

如有印装质量问题请与本社出版部联系（010-64405510）

八卦掌祖师董海川先生

八卦掌二代宗师
程廷华先生

八卦掌三代宗师
刘斌先生

八卦掌四代宗师
刘世魁先生

八卦掌五代宗师
铁恩方先生

八卦掌三代宗师刘斌先生收徒合影

铁恩方恩师

铁老垂手掌

铁老 90 岁练功照

铁老练功照 1

铁老练功照 2

铁老练功照 3

贺普仁、铁恩方、文大生合影

孙永森、石明、昌根福、铁恩方、李克敬
（从左到右）20 世纪 70 年代紫竹院合影

铁老和弟子张振华、昌根福

铁老和部分六代、七代、八代弟子

铁老墨宝 1

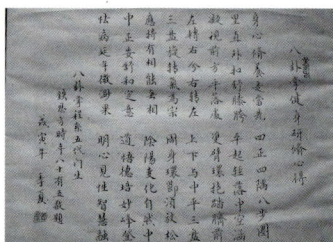

铁老墨宝 2

铁老墨宝 3

李婷婷在北戴河练功

自　铭

寻常一百姓，　平平度一生；　心似浮云在，　意如流水行；
本是磨钧辈，　冒充有文明；　习武数十载，　略略识门径；
年已及耳顺，　未敢忘趔行；　闲时萧声伴，　闲来翻易经；
春夏秋兔水，　冬临忙泅冰；　三教九流友，　达官贩夫同；
知己千杯少，　独饮邀月明；　中正立身本，　诚信重友情；
相逢已是缘，　相交天作成；　随缘更惜缘，　一诺千金重；
胸中坦荡荡，　何惧鬼神惊；　悠哉游哉，　自由自在一老翁。

壬辰仲秋　昌根福　京城半隐斋

昌根福自铭

昌根福练功照 1

昌根福练功照 2

昌根福练功照 3

昌根福练功照 4

昌根福练功照 5

2012 年昌根福收徒仪式合影 1

2012 年昌根福收徒仪式合影 2

2012 年昌根福收徒仪式合影 3

2012 年昌根福收徒仪式合影 4

2012 年昌根福收徒仪式合影 5

铁老百年诞辰纪念

2015 年昌根福收徒仪式合影 1

2015 年昌根福收徒仪式合影 2

2015 年昌根福收徒仪式合影 3

2023 年八卦掌拜师新弟子

2023 年八卦掌拜师全体合影

南城八卦掌座谈会合影

董海川

第二代：程廷华　刘德宽　宋永祥　史纪栋　刘凤春　马维祺　梁振普　宋长荣　尹福　张占奎

第三代：刘斌　冯俊义　孙禄堂　刘振宗　李光普　程有龙　程有功　程有倌　程有仟　杨明山　丁文林　高义盛　刘永祥　樊志涌　宋志坚

第四代：徐明德　李彦勋　杨永利　崔永利　刘兴汉　王崇堂　王殿荣　贺仁　李文章　贾树森　王荣堂　丁文林

第五代：王文奎　王正亭　关克敬　张铁生　陈启明　韩德　陈云峰　李婷婷　向传　孔庆文　张西山　何秀明　谢承发　王梅海　周琪　董世建　杨丽梅　陈家华

第六代：昌忠源　田洋武　韩英明　刘瑞华　孙晓伟　王全良　张毅　李彬（加拿大）　策　崔天明　陈洁霞

第七代：昌根福　李明敏　王大维　冀振英　邱茂正（台湾）　唐永强　宋世勋　郭坊刚　蒋学明　徐守刚　董英　何宏伟　南

第七代：刘世慧　朱占华　张立鹏　张建军　陈朝晖　刘静欣　郭金敏　李伯图　石江瑞　川

第七代：关汉章　宋绍章　孙永森　陈振勇　白中奇　张宝　王俊兰　刘保国　陈立川

第八代：徐振岗　金起庭　林振　任海生　曹革华　李石林（香港）　刘红　付惠刚　尹兰智　郭亮　史德有　陈立川

第九代：铁恩方　霍振庭　段学惠　方会强　张和平　刘秀英　付惠　李之福　昌洪　刘国涛

第十代：王树海　王树森　张振华　陈清波　郝士良　刘金坡　梁振善　高振江

柳存助　姜馨琛　万二凡　王小娴　谢长永　李亚飞　宋雨辉　孙麟耀　刘子彰　赖敏强　梁茂基　王国泰　陈东华　王振东　付德辰　李婷婷　张福利　王解军　张波玲　刘曾林　丁立锋　王建英　白振虎　张金刚　张建华　张利平　丁兆波

程派八卦掌世系传承表

师门合影

师门练功照 1

师门练功照 2

师门练功照 3

师门练功照 4

师门练功照 5

师门练功照 6

师门练功照 7

师门练功照 8

师门练功照 9

前言

　　八卦掌是我国传统武术的一个优秀拳种，是中华民族智慧的结晶，与太极拳、形意拳合称三大内家拳。八卦掌是内外兼修的功法，内修心性，外健体魄，对于修养气质精神及强身健体和练习技击防身术有着特殊的功效。

　　但由于传统八卦掌的隐秘性、保守性、神秘性，其流传并不广泛，并且初练习八卦掌时，动作显得简单枯燥，没有一定毅力的人容易半途而废。另外，传统诠释八卦掌拳法时，引用了大量的《易经》卦位等词汇，也使得一些刚接触到八卦掌的武术爱好者感到玄而又玄，从而望而却步，影响了八卦掌的传播。殊不知大道至简，大道无方，简单并不代表容易，只有深入其中，才能体会到八卦掌的博大高深，趣味无穷，领略个中玄妙。

　　恩师铁恩方先生学贯中西，习练八卦掌八十余载，寿享98周岁高龄，是京城八卦掌"长寿第一人"。先生在继承传统的基础上，摒弃玄而又玄的名词概念和牵强附会的说教，科学地修习八卦掌，身心并调，内外兼修，对八卦掌有独到的见解和体悟。

　　本人有幸在1969年参加工作后得遇八卦掌第五代传人铁恩方先生，追随其学习八卦掌。当时，铁老每天夜里3点到故宫墙外筒子河边练功，我当时住前门大栅栏，每天早上 5 点骑车穿过天安门门洞去筒子河边练功 2 个小时，然后 7 点骑车上班。每天在筒子河边，铁老转一个圈，我转一个圈，春夏秋冬，风雨寒暑无阻，即使是数九寒冬，天上飘着雪花也要光着膀子练到浑身冒汗，支起单换掌五个手指指尖冒白气。铁老后腰上挂着一块儿童毛巾用来擦汗。每天练完功，地上一圈留下点点汗水，好像下了小雨点。有时遇到刮大风、下大雪，铁老会一边练功，一边注意我来的方向，那是在看天气不好我还能不能来练功。说实在的，夏天还好过，那时的冬天比现在冷，北风呼啸，骑车穿过天安门广场，寒风刺透了衣裳，手冻僵了，好像把骨头都快冻透了。我能感觉到铁老看到天气恶劣我还照样坚持去练功，他很高兴，当然也是看我有没有毅力和恒心去练，值不值得费心去传授。现在想起来学点东西可真不容易！现在的年轻人有这么好的条件，不认真地学点东西，太可惜了。那时人们心静，也没有电视、网络的诱惑，晚饭后就去筒子河边练功，那里有练八卦掌、太极拳、形意拳、通臂拳等各种功法的人，也不分门派，大家一块互相摸手、推手，练到晚上 10 点就各自回家。

那时人们心性单纯，社会也没有那么多的诱惑，不像现在，外物纷而扰之，内邪起而诱之，人心浮躁，有几个人能真正静心潜修练功？大多急功近利，忙着学个花架子就能表演或者开班教学去挣钱了，就连组织武术比赛也大多重视外形美观，看着眼花缭乱，热热闹闹就行了，因而少修内功，所以有多少号称武术名家、武术大师、养生专家，到五六十岁就病痛缠身，令人遗憾啊！

为了使八卦掌这一优秀拳种不至于淹没，使祖先留下的宝贵文化遗产能得到普及并发扬光大，从而造福芸芸众生，我逐渐有了把八卦掌的入门功法整理成文的想法。其实按照我原来的本意，是想写个小册子留给弟子们作为门内的传承，但随着年龄的增长、时代的变化、心境的变化和周围人的劝说，也觉得应该把前辈传下的东西写点文字资料留给后人，所以才想到出版一本书。

练功时有些门道是只可意会不可言传的，很难用语言文字表述，并且如果没有身体力行，练不到一定的程度，是很难悟出其中滋味的。笔者只能尽力而为，意在抛砖引玉吧。

本书之所以称"八卦掌筑基功法"，是因为书中介绍的内容是练习八卦掌的基础功法，也就是八卦掌的基本功。为了让从未接触过八卦掌的人和有一定基础的圈内人士都有可参考之处，本书尽可能地用通俗的语言详细讲解，包括坐功、卧功、站桩、行桩、单操的练习方法，用东西南北代替传统的八卦方位。目的是让有志练习八卦掌的同道中人可以看得懂、学得会，具有可操作性，也就是俗话说的"有点干货"，而不是像现在有些书籍，将简单的问题复杂化，洋洋洒洒万言，大厚书一本，让人看了半天却都是一大堆玄而又玄的理论，以其昏昏使人昭昭，让人无所适从，无从练起。

其实，道不远人，八卦掌并不神秘，练功场地小，动作不复杂，适合男女老幼、体弱或大病初愈者等各类人群练习，是恢复体力、休养生息的既简单又有效的方法。练习者个人可以根据自身的身体情况决定练习的内容和强度。年老体弱或久病恢复期者可以从坐功、卧功、站桩功练起，随着身体恢复逐渐开始练习行桩功法。青少年和健康的成年人可以从行桩走转开始。如果是单纯为了养生健身则可以选其中一式或几式练习。

如若是青壮年人，想深入地学习八卦掌功法，那么建议按照书中要求来循序渐进地、持久地、脚踏实地地练习，若能坚持，八卦掌筑基可待。所谓练功者三年一小成，十年一大成，若能坚持三年可以说已经入门，为练习八卦掌打下了坚实的基础。

　　八卦掌行桩俗称行桩八式或定式八掌，本书介绍了九式。八卦掌行桩其实不止八式，但是一般为了迎合《易经》八卦的数字，而选八式。本人经过推敲，认为这九个式子都具有不同的强身、健身和技击的功法意义，难以取舍，索性就不拘于俗套而成行桩九式了，外加一个"金鸡抖翎"作为整理动作。

　　此外，本书不是简单地介绍动作。对于练八卦掌的人来说，这些动作并不新鲜、很普及，但是内功心法就未必知晓了。如果只是介绍动作而无心法，就无异于体操，那么大家去做广播体操就很好了。

　　其实所谓内功心法也并不神秘，心法即练功中的意念、意识。通俗地说就是在做不同的动作时，心里想什么，在外形正确的基础上用上意念会有特殊的作用，达到事半功倍的效果。并且做同一个动作，用不同的意念又会有不同的效果。八卦掌独特的行桩走转可以使练功者改变先天气场，损有余补不足，改变一个人的气质。练功中的不同动作，不同阶段所用的不同意念，可以有针对性地强化身体的不同脏腑，炼神导气，固本培元。

　　八卦掌行桩练习重在内外兼修，修习八卦掌的基本功本身就是一种修炼。修行，是动中求静，是在纷乱浮躁的外物纷扰中求得宁静，净化人的心灵，陶冶人的性情。所以说练功练的是身，修的是心，养的是性，惠及的是命，使人无论身处何境，保持一颗清灵寂静、祥和明朗之心。

　　本书介绍了最基础的四种单操功法。此四种功法是锻炼身形、活动周身筋骨的有效方法，既可以作为练功前活动身体的准备动作，也可以作为练功后舒筋活血的整理动作。反复练习也是强身健体、提高功力的重要方法，并且也有一定的技击意义。当然，如果没有时间，就是每天只练练单操四式，也是不错的锻炼身体的方法。

此外，根据自己的练功经验，开始练习八卦掌一般都是从垂手掌入门，时间起码要数月甚至一两年之久。作为初学者每天走转，腿的运动量虽足够，但是每次练功后往往感到上肢没有活动开，使人有意犹未尽之感。所以我在八卦掌入门功法中单提出单操四式，此四式可以锻炼全身上下不同的部位。比如，煽腰砍肾排打功侧重颈椎、胸椎、腰椎的左右拧转，是对脊柱的横向练习，可以扩大脊柱的活动范围和锻炼脊柱的韧性，锻炼带脉，同时拍打周身既可疏通经络，又可提高身体的抗击打能力。片旋掌练习可以提高身体周身的协调性、活动范围和柔韧性。练习双掌片旋掌时，脊柱纵向呈蛇形弯曲摆动，是对脊柱的纵向拉伸和锻炼，配合八卦掌的掰扣步可使身体闪展腾挪、轻灵自如。片旋掌还有极强的攻防含义。单操四式既可弥补初练八卦掌上肢活动较少的问题，又可疏通筋骨，为今后深入练习八卦掌打好基础，并且习练久之可体会到此四式中蕴含的技击意义。

本书中介绍的坐功、卧功、站功是静中求动，是八卦掌炼神导气内养的方法。其对于鼓荡体内真气、运行四梢百脉、养生健身有着重要的作用，也是铁老所讲八卦掌"行动坐卧，不离这个"的重要组成部分。

有道是"练拳不练功，到老一场空"。所谓功，也就是基本功，是习武的基础，无功的任何技巧招法都是无源之水、无本之木。

行桩走转是动中求静，静中求动，调整身体在不同状态下的平衡。炼神导气，练的就是功，是知己的功夫。无论是要深入地学习八卦掌，还是仅想获得养生健身效果，只要认真地练习八卦掌行桩，都会得到意想不到的收获，因为八卦掌所修之功源于此。八卦掌所得之功，用之于内，炼神导气，强身健体，修身养性；用之于外，击刺进退，防身护体，除暴安良，都需要行桩所修之功。

觉来普渡恩予何有向，悟到圆明大道自无方，写给有缘人。

最后，要感恩中华文化的博大精深，感恩历代宗师的传承光大。感谢诸位弟子的大力协助，动作示范李婷婷插图编排尤为辛苦。感谢北京中医药大学教师、八卦掌六代传人邱浩先生一以贯之的支持帮助。感谢丰台区铁营宋二社区马禹主任对我们的大力支持。感谢今生在自己前进的道路上曾给予过我帮助和支持的诸位挚爱亲朋。

昌根福

2023 年 5 月 3 日书于京城半隐斋

目录

第一章

八卦掌源流和简介

八卦掌源流

中华武术源远流长，门派繁多，八卦掌同太极拳、形意拳并称三大内家拳。八卦掌作为三大内家拳之一，是我国流传较广的拳种，也是道家养生、健身、防身的一种武术方法。

八卦掌为清代董海川先师所创。董公是河北省文安县朱家坞村人，生于嘉庆二年（1797年）十月十三日，卒于光绪八年（1882年）十月二十五日，享年85岁。八卦掌是董公在江南游历时得到道家修炼的启示，结合武术加以整理而成。相传董公曾在清肃王府做拳师，故八卦掌首先在北京一带流传开来，近百年来遍及全国，并传播到国外，故亦称京城八卦掌。其中尹福、程廷华、史计栋、马维祺、梁振普、刘凤春、张占魁、刘德宽、宋长荣、宋永祥、樊志勇等八卦掌第二代传人，是八卦门中公认的、成就较大的佼佼者。由于八卦掌二代弟子都是带艺从师，董公因材施教，故而形成风格各异、绚烂多彩的几大流派。然而，虽形有殊而理为一贯。

本支系为程廷华先生所传，世称程派八卦掌。因程先生多在京城南部天坛一带传功授艺，所以又称南城八卦掌。程廷华先生生于道光二十八年（1848年），卒于光绪二十六年（1900年），河北省深县程家村人，自幼进京做学徒，艺成后在北京崇文门外花市上四条经营一家眼镜店铺，后来江湖人称"眼镜程"。程廷华先生年轻时喜好摔跤，刚柔相济，功夫在身。他后投先师董公门下，经数年磨炼，深得八卦掌之精妙。他经常把董公从肃王府接到自己家住，随时向老师请教，后来逐步形成了自己的"游身八卦连环掌"，行云流水，连绵不断，动如猛虎，静如泰山，变化无穷。董海川先师去世后，所传八卦掌的这一支脉，就是后来影响极大的"程式游身八卦掌"。

1900年，八国联军入侵北京，横行一时。有一次，程廷华先生去崇文门外一位朋友家串门，出门时遇见10多个德国侵略军人要强行搜查。程先生拒绝搜查，与侵略者激战。侵略者的乱枪飞弹射中程廷华的腹部，一代武林英雄死于八国联军枪下。

程廷华先师猝然去世后，程门弟子公推第三代佼佼者——刘斌先师为第三代掌门。因刘斌先生主要在天坛教授八卦掌，所以又有称"天坛刘家八卦掌"。刘斌先生生于清同治五年（1866年），逝于1930年，原籍山东省盐山县，自幼跟随父母来到北京，住在永定门内东三条。刘斌先生10岁时由其父引见拜程廷华为师，学习游身八卦连环掌。因其父与程先生是结拜兄弟，交往甚厚，加之他练拳刻苦，深得程先生喜爱，形同父子，陪伴在程先生身边多年，得到了程廷华先生的真传。

第四代传人刘世魁先生自幼随父亲刘斌练习八卦掌，又得到了不少前辈的指点，刘世魁先生在南城天坛大坑、天桥四面钟等地传承程式八卦掌，并在文献资料上进行钻研，给后人留下了重要的理论文献。新中国成立后，刘世魁先生到国家体委（现国家体育总局）工作。工作期间，他从未显示出会武，许多人都不知道他是嫡传程派八卦掌传人。

第四代传人徐明德先生原籍北京，自幼酷爱武术，在京从事酱肉铺行，名为"万德斋"。在朋友的引见下，他于1918年拜师于刘斌先生。他勤学苦练，由于善于交际，结识了各个阶层的朋友。当时京城有一位武林高手"醉鬼张三爷"张长贞先生，徐明德先生很尊重张三爷，两人后来成为关系非常好的叔侄。张三爷也经常光顾徐明德先生的铺子。后来，他得到了张三爷的内功真传，借此又发展了八卦掌。

程派第四代传人王文魁先生，光绪二十六年（1900年）生于河北省新城县陈各庄村。他自幼习武，于十九岁拜于刘斌门下学艺，师徒二人朝夕相处，故得以继承八卦掌法真谛。王文魁先生曾经代师传艺，其功力深厚纯正，却从不褒己贬人，武林各派长幼皆愿与之交往。他晚年致力于培育后人，并深研八卦掌健身之理，造福群众。王公一生，德高望重，平易近人，名满京城，誉传诸省，深得众人爱戴，不愧为八卦掌一代宗师。王文魁先生于1986年1月18日逝世，享年86岁。

程派八卦掌第五代传人铁恩方先生，乃吾之恩师，北京人，满族，生于1913年，于2011年11月8日辞世，享年98岁，为京城八卦掌长寿第一人。他生前为中国武术协会会员、北京市武术协会八卦掌研究会顾问、程派八卦掌第五代传人。铁恩方先生15岁经徐明德师伯启蒙习武，17岁拜八卦掌宗师刘斌之子刘世魁师爷为师，修习八卦掌八十余载。先生幼读私塾，深通国学，稍长求学京师汇文学校，后入财商专科学校，擅于商务，精通英语。抗日战争胜利后曾任民用航空局西北基地主任。新中国成立后任万慈学校校长，从事教育和慈善工作。

先生一生不论身处何境，坚持长年练功不辍，以科学的态度研究八卦掌、太极拳和气功理论，参研儒、释、道、医、武、周易等多家学说，博采百家，循古法而不拘泥古法，见解独到，既遵循传统易学阴阳五行学说之理，又摒弃生搬硬套、牵强附会的形式主义。先生晚年总结出言简意赅的《八卦掌健身研修心得》《八卦掌养生行功歌》，高度概括了八卦掌的练法、用法和养生的功法理论。先生有入室弟子百余人。先生内外双修，内功深厚，不囿于一招一式，化有相为无相，粘点即发，年逾九旬时，强大的内力仍能发放自如。先生到了晚年，化繁为简，致力于推广健体强身、老少咸宜的八卦掌走转锻炼方法，学员众多，远及海外，为传承我国传统文化、提高人们的健康水平作出了努力。

八卦掌简介

八卦掌自创立以来，经历代宗师传承发展完善，逐渐形成了一套较完整的武术理论体系，包括技击和养生的内容。董公墓志写到，八卦掌是"击刺进退之法，炼神导气之功"。在古代，人类的生存需要促使了武术的产生，为了满足自卫的需要创造并发展了武技。武术作为求生存、谋生计的手段，是人们强身健体、防身自卫、除暴安良、保家卫国、延续生命的重要手段和技能。

但是，任何事物的发生、发展和消亡，都有其自身的规律，都和社会发展需要密不可分。马克思联系欧洲的历史发展曾阐述说："火药把骑士阶层炸得粉碎。"同样在中国，随着科技的进步，伴随火器的出现，传统武术受到了挑战，时代的发展使其逐渐衰退。八卦掌已经和众多武术门派一起，由决定生死存亡的军事项目逐渐演化成体育竞技项目、表演项目和健身运动。传统武术纷纷被列为濒危的人类非物质文化遗产就是最好的明证。现代社会除了少数军警专业人员，几乎没有人再像冷兵器时代的先人那样穷尽毕生精力练功。现代人与前辈练功的热情和刻苦程度已经不能相提并论。

然而，八卦掌作为中国传统武术的杰出拳种，拥有独特的练功方法、技击方式，以及修真养性、炼神导气、健身养生、修德立本的丰富内容，蕴含中国古代深刻的哲学思想，依然散发着灿烂的光彩。继承和传播八卦掌传统武学文化，也就成了每一个习练八卦掌人义不容辞的责任。

八卦掌是以八大桩法为转掌功，以八大掌势为母掌，以掌法变换和行步走转为主的拳术。由于它运动时步法纵横交错，分为四正四隅八个方位，与《周易》八卦图中的卦象相应，故名八卦掌。因此，有些八卦掌老拳谱常以卦理解释拳理，以八个卦位代表基本八掌。由此可知，八卦掌运动符合《易经》核心思想——阴阳学说理论。

八卦掌以《易经》、易学理论为基础，以阴阳五行理论为核心指导思想。《易经》是中华文化的滥觞，是中国传统思想文化中自然哲学与人文实践的理论根源，是中华民族思想、智慧的结晶，被誉为"大道之源"，是古代帝王、政治家、军事家、商家、医学家、武学家的必修之术，亦是中华文明的源头活水。《易经》中的阴阳是总领全部理论的核心概念，能说明宇宙万物的本质特性。所以，产生于中国传统文化历史背景下的八卦掌，也就是在阴阳五行理论指导下进行技击和养生的功法。《易经》阴阳学就是八卦掌的理论指导思想。那么不读《易经》就不能练习八卦掌吗？答案是否定的。"一阴一阳之谓道"，在日常生活中，阴阳之道随处可见，正如《周易·系辞》所说："百姓日用而不知。"在我们生活中的每一个角落，都有《周易》的影子。"道不远人，远人非道"，在八卦掌功法中，阴阳之道同样处处可见。

用现代哲学的观点理解，阴阳就是一对矛盾共同体，矛盾存在于一切事物中，并贯穿于一切事物发展过程的始终。八卦掌中的动静、虚实、内外、刚柔、松紧、挣裹、进退、攻防等，处处体现阴阳，处处充满着矛盾。其中的变化也就是阴阳消长、矛盾的转换。其实，人们在练功中已经不自觉地遵循了易学的原理、哲学的规律。当然，如果能够认真地学习掌握《易经》的阴阳五行理论和现代哲学中的对立统一、质量互变、否定之否定等哲学规律，在理论的指导下去修炼揣摩八卦掌功法，一定会更深刻地体悟到八卦掌深刻的内涵意境和哲理，对于学习研究掌握八卦掌会有更好的指导作用。

八卦掌功法异于其他功法之处，在于强调环形走转的重要性。刘世魁师爷讲："八卦神拳年少喜，九转功成数乾坤。"强调的就是质量互变关系。凡习八卦掌练功者必然要走转，只要认真按照要领锻炼，都会体会到这一独特练功方式的精妙，很快就会产生很强的得气感，容易练出内气、内功、内力，能够改善身体状况，强身健体。那么，为什么八卦掌的这种练功方式会有如此效果呢？

现代科学证明，宇宙是能量变化的场所，是一个巨大的能量场。宇宙虚空中充溢五行之精气。按照中国五行学说来讲，宇宙万物都由木、火、土、金、水这5种最基本要素运动或循环变化而成，5 种要素相生相克、相乘相侮、聚散盛衰、衍生变化，推动事物处于不断循环运动变化之中。五行精气弥漫于天地之间。同时地球本身具有巨大的磁场（气场），地球磁场与人的生命活动及生活活动有着密切的关系。

现代科学证明，人体自身带有微弱的生物电流，随着生物电流的形成而产生了人体生物场，并且人的生物场也有强有弱，有均衡和失衡。根据中国阴阳五行学说，每个人出生时的天干地支阴阳五行对应着的天地能量分布的属性不同，决定了个体的五行气场不同，五行的生克制化、失衡平衡各不相同，并且随着天地五运六气气机的变化而变化。这一点已经为中医天人合一理论所证实。

根据以上所述，宇宙天地和我们人体之间有着非常重要的联系。八卦掌特殊的功法、独特的练功方式，使人体在生理和心理上处于良好的统一状态，从而强化、优化了人与自然的关系。八卦掌循圈拧旋走转，可以设想是人体磁场在地球磁场中旋转，在切割地球的磁力线，在旋转中强化了人体气场，同时调整人体的生物场，损有余，补不足，使人的生物场始终处于一个较强的阴阳平衡状态，使人体气场和宇宙场协调起来。

同时在练功中凝神静气，采集天地阴阳五行之气。练功过程就是一个炼精化气、炼气养神、炼神还虚的过程。"夫精者，身之本也。"（《素问·金匮真言论》）人有先天之精受之父母，是"生命之根"。但先天之精需要不断有物质补充才能保证其精不亏，发挥其功能，这种物质即后天之精。后天之精一方面来自五谷饮食，另一方面则来自天地日月五行精华。在旋转走转练功中气场得到强化，更利于人们接受所需要的天地间的五行之精气。八卦掌通过练功促进五谷精微的运化，同时用意念伴随呼吸吐纳采集天地精微之气、五行精华，来涵养先天本元，使人精满气足。而气足则有利于人体的呼吸吐纳、水谷代谢、营养输布、血液运行、津液濡润、抵御外邪等。气足则神旺，而神是精神、意志、知觉、运动等一切生命活动及其外在表现。炼神还虚实际上就是使人达到天人合一，合乎于自然法则、天地大道。所以说八卦掌独特的动静结合圆形走转练功方法能够较快地使人产生气感，容易练出内功、内力，改善人体的状况。

八卦掌是一种使人体气场向良性发展的炼神导气之功，通过练功疏通人体内部气机运行的通道，疏通经络，加强人体内外气的交换，促进人体系统的阴阳平衡，加强对人体功能的控制调整能力，使人达到精满气足神旺、天人合一的境界。八卦掌所练之功是内外兼修、体用兼备之功。修习八卦掌所得之功，用之于内，炼神导气，修真养性，强身健体，修德立身；用之于外，击刺进退，防身护体，护国安民。

本支系所传功法，大致可分为以下几个部分。

1. 静功

静功包括站桩、坐功、卧功等功法，运用松、静、守、息等练意方法，着重于身体内部精神、脏腑、气血、津液的锻炼。意气相结合，内视外感，调心调息，精神内守，求得外静内动，静中有动，炼神导气。

2. 行桩

行桩是八卦掌入门的基础，是意、气相结合的肢体运动，用以锻炼脏腑、筋骨、肌肤，是通过不同的行桩姿势循圈走转，进行内外兼修、动静兼修的功法，是动中求静，静中有动。行桩在走转中要品悟如是，止于至善，知止而后定，定而后能静，静而后能安，安而后能虑，虑而后能得，得天地阴阳五行之气。其是集采气、行气、养气、蓄气四位于一体的行桩炼神导气的过程。在行桩不同阶段，让人在走转中体验身体阴阳转化，无所有而无所不有，无所空而无所不空，有非真有，空非真空，妙有真空，以达到松紧、刚柔、开合、有无，达到阴阳平衡、阴阳相济的境界。

同时，行桩在各种姿势的走转状态下，可训练身体筋骨肌肉各部的力量和协调性，增强、改善身体的动态平衡能力和神经系统的平衡感知能力，求得身体松沉内力、刚柔相济的混元力。行桩在拧旋走转中训练"转掌之神颈骨传，转头扭项手当先"，品悟梢节领起、中节随、根节催和发之于根、行之于手的劲路变化。

总之，行桩是修习八卦掌、增长功力最重要的基本功。同一桩式在练习的不同阶段用不同的意识指导，练习不同的功力，仅看外形难窥真谛。八卦掌以树为艺，根深叶茂，本固枝荣，行桩走转就是八卦掌的根，是固本之途。练功要知己、知人，先行知己再论知人。不知己焉可知人，行桩走转就是训练知己功夫的重要途径。

3. 掌势

通过练习掌势，训练身体步伐的灵活性、柔韧性、身法的连贯性、整体的协调性、平衡能力，增强体能、体力、耐力，锻炼呼吸系统。用传统的说法就是要通过掌势的训练逐渐达到"劲路顺"，进而达到"气路顺"，最终达到劲路和气路协调统一。练拳中做到气不涌出、形不外露、力不出尖，也就是术语所讲要"随了"。

4. 单操和发力

单操和发力是训练步伐和发放及击打的能力，训练掌、拳、腕、肘、肩、胯、膝、腿、脚、单操招法的熟练和劲路。其在单操中训练梢节起、中节随、根节催和发之于根、行之于手的劲路转换。其能锻炼发放和击打的整劲、沾衣发力的寸劲，以及弹劲、鞭劲等；训练发力的力度、速度和强度。

5. 对练

对练是训练掌势单拆和单操中招法的应用。通过对练检验单操招法和发力在实战中的效果，通过双方喂手、接手、打手等训练反应能力、灵敏度和攻防转变意识，以及击打和发放的劲力，达到熟练使用招法的阶段。

6. 揉手

揉手是训练由招熟达到懂劲的过程，通过揉手、听劲进一步训练既知己又知人的功夫。运用拧旋走转、滚钻争裹、粘黏连随、引进落空，提高知觉的灵敏度，化有相为无相，化有形为无形，化有招为无招，训练一动无有不动，把握攻防中力点、共力点、中心、重心的变化等，训练拿化发放和摘手击打的劲路和方法。

7. 操手操腿

对于操手操腿，各门派大体相同，即通过各种器械来操手、操腿、操肩、操背、操膝、操肘等，提高击打和抗击打的功力，训练各部位抓打掐拿、挨帮挤靠的劲路和力量，提高肩、肘、腕、胯、膝的击打能力和强度。

第二章

练功前须知

练功的环境

练功可以在室外，也可以在室内。

在室外可选空气清新、避风处练习。可以围着一棵树走转，也可以选一平坦处自行循圈走转。在室外要远离噪音，远离高压线变压器，不要围着井盖、电线杆走转，以避免影响气场。

在室内练功，要保持通风环境，不要紧闭门窗，以保持空气清新。

气候恶劣、狂风暴雨、严重雾霾时应在室内练功。

不可在过饱过饥时练功，饭后半小时后再练功。

酗酒后气场混乱不练功，大怒后心绪不宁不练功。

练功时衣服相对宽松，穿平底鞋，腰带不要太紧。

患有慢性病或大病恢复时期要量力而为，运动量不可过大。出现发热等急性病症时暂时休息。

练功过程中不要聊天，要精神内守。

冬季室外练功，不要上来就脱衣服，要慢慢走转待身体热了以后逐渐减少衣服。练功后要马上穿上衣服，以免着凉感冒。

收功后不要马上坐下或躺下，可以循圈慢慢走转数圈待气血平和后再休息和饮水。

练功的时间

道家内丹修炼有子午卯酉练功之说，这有一定道理。今人练功不必拘泥，清晨或晚饭后可以，退休人员上午、下午亦可。时间长短视自身情况，在半小时以上为好，但是也不要超过两小时。时间太短还没有充分热身，时间太长心神疲惫，效果反而不佳。条件允许可以一天练功两次。

古有"拳不离手，曲不离口"一说，现代人不可能做到专职练功，因此要把练功融入生活，也就是要练功生活化，生活练功化，也就是铁老所讲："行动坐卧，不离这个。"

需要弄清的几个概念

1. 八卦

八卦是我国古典哲学理论，是一套用三组阴阳组成的形而上的哲学符号，传说由远古帝王伏羲所作。八卦共有8个三画卦，可代表8种不同的物象，分别为乾、坎、艮、震、巽、离、坤、兑。《周易·系辞下》云："古者包牺氏之王天下也，仰则观象于天，俯则观法于地；观鸟兽之文与地之宜；近取诸身，远取诸物，于是始作八卦，以通神明之德，以类万物之情。"其中包牺氏即伏羲。

2. 先天八卦图

先天八卦图传说为伏羲所作，亦称伏羲八卦图，是古人用来推演世界空间、时间各类事物关系的工具。"先天"与"后天"出自《周易·乾·文言》："先天而天弗违，后天而奉天时。"在宋代以前，没有先天与后天八卦组合结构的文献记录，据说是宋代道士陈抟精于易学，开辟了图书解易的先河。据传陈抟根据《周易·说卦》中的"天地定位，山泽通气，雷风相薄，水火不相射"而创造出一个"先天八卦图"，先天八卦代表的物象为天、地、风、雷、山、泽、水、火。

3. 后天八卦图

后天八卦图相传为文王所作，也称文王八卦图，据说是陈抟根据"帝出乎震，齐乎巽，相见乎离，致役乎坤，说言乎兑，战乎乾，劳乎坎，成言乎艮"而创造的。后天八卦代表的物象为乾为父，坤为母，震为长男，巽为长女，坎为中男，离为中女，艮为少男，兑为少女。其顺序为由乾起于西北（左肩），顺时针为乾、坎、艮、震、巽、离、坤、兑。

4. 八卦卦象歌

八卦卦象有歌诀为记：乾三连、坤六断、离中虚、坎中满、震仰盂、艮覆碗、兑上缺、巽下断。

5. 阴阳

阴阳为古代的对立统一学说，是一种哲学概念。《周易》上讲"一阴一阳之谓道"。太极图则是阴阳学说的完美诠释。阴阳具有三个特性：相关性、普遍性、相对性。阴阳有四对关系，分别是对立制约、互根互用、消长平衡、相互转化。天地、日月、昼夜、寒暑、男女、上下等都属于阴阳的范畴。

6. 四正

四正指东、南、西、北 4 个正方向。

7. 四隅

四隅指东南、东北、西北、西南 4 个方向。

8. 五行

五行即金、木、水、火、土，是中国古典哲学中描述物质世界的最基本的 5 种元素。古人认为世界万物都可以找出其五行属性，用五行理论来说明世界万物的形成及其相互关系，是原始的系统论。

9. 五行生克

五行生克即五行相生和五行相克，五行相生为木生火、火生土、土生金、金生水、水生木，五行循环相生。五行相克为金克木、木克土、土克水、水克火、火克金，五行循环相克。

10. 五行方位

五行方位为东方甲乙木、南方丙丁火、中间戊己土、西方庚辛金、北方壬癸水。

11. 人体五脏之五行

人体五脏之五行为肝木、心火、脾胃土、肺金、肾水。

12. 丹田

上丹田：有 2 种说法，其一指百会穴，其二指两眉间的印堂穴处，为藏神之所，且以印堂穴附近为上丹田的说法居多。

中丹田： 指在两乳连线中间的膻中穴附近，为藏气之所。

下丹田： 多指在脐下气海、关元穴附近，为藏精之所。

13. 三戒

三戒即不要挺胸、憋气、努气。

14. 内三合

内三合指心与意合、意与气合、气与力合，心到意到气到，心意气力合一集中。

15. 外三合

外三合指手与脚合、肘与膝合、肩与胯合。

16. 六合

内三合与外三合统称六合。

17. 三盘

三盘有两种概念。其一，以八卦掌走转的高低划分上、中、下三盘。

上盘： 转掌时身体直立和寻常走路相仿。初习八卦掌可以由上盘开始，但是不要轻视上盘功夫。上盘重心高更可以锻炼身体的稳定性。

中盘： 转掌时双腿适度弯曲，介于上盘与下盘之间。练习八卦掌多以中盘为主，可以根据自身年龄、体质、练功时间的长短自行掌握适宜的高度。

下盘： 转掌时重心下降，双腿极度弯曲，要求膝与胯平。下盘的练法今已少见，且膝盖吃力过大，容易伤膝，不必追求。

其二，是把人体自身分为上、中、下三盘。

上盘：指肩以上部位，包括双臂。

中盘：指胸、腹、腰间。

下盘：指胯以下，包括两腿、两膝、两足。

18. 天干

天干是中国传统的一种文字计序符号，循环使用，天干有10个，分别是甲、乙、丙、丁、戊、己、庚、辛、壬、癸。

19. 地支

地支是中国传统的一种文字计序符号，循环使用，有12个，分别是子、丑、寅、卯、辰、巳、午、未、申、酉、戌、亥。

20. 五运六气

五运六气是我国古人解释自然界天时气候变化对人体影响的一种学说。

五运：以十天干的甲己合化土，乙庚配为金运，丙辛配为水运，丁壬配为木运，戊癸配为火运，统称五运。

六气：以十二地支的巳亥配为厥阴风木，子午配为少阴君火，寅申配为少阳相火，丑未配为太阴湿土，卯酉配为阳明燥金，辰戌配为太阳寒水，统称六气。

从年干推算五运，从年支推算六气，并从运与气之间，观察其生制与承制的关系，以判断该年气候的变化与疾病的发生。熟知五运六气可以明了宇宙天地在不同时空节律中的阴阳五行气场，对八卦掌习练者的身体健康有一定的帮助。

21. 身体的"三节"

三节即梢节、中节、根节。从全身划分，根节为腿足，中节为躯干，梢节为手臂。

从局部划分，手臂、躯干和腿足又都各有"三节"。

上三节：在手臂上，肩为根节，肘为中节，手为梢节。

中三节：在躯干上，下丹田为根节，心为中节，头为梢节。

下三节：在腿足上，胯为根节，膝为中节，足为梢节。

练功的几个重要问题

1. 循序渐进，久转功自成

八卦掌行桩走转是学习八卦掌最重要的基本功，一定要循序渐进，不可矜能躁进急功，防止欲速则不达。八卦掌以树为喻，树长艺亦长，松树年轮紧密则树木结实，杨树生长很快，却不堪重负。功夫要慢慢长，根深叶茂才能本固枝荣。竞技运动员超负荷训练对自身伤害较大，少有年老时不伤病缠身的。

所以一定要根据身体情况酌情练习，每天最好固定时间练习，不可过劳，也不可强行追求动作的幅度。比如走转时面向圆心的角度，慢慢加大角度，不可强求拧转，造成身体的伤害。

2. 转掌的快慢速度问题

走转的速度是初学者容易感到迷茫的问题，到底是快些好还是慢些好。有句话叫"慢练内功"，初学者以平常步行速度即可，在练习过程中往身上逐一找要领，速度逐渐会减慢，再经过一段时间要领上身后速度又会自然加快。再经过一段时间往身上找六合，可能动作又会减慢。那慢练有什么好处呢？

（1）慢练能使思想入静，意志高度集中，可以让大脑有充足的时间进行思考，大脑的思考时间长了，有利于体会动作的准确性。

（2）慢练动作从容，有利于动作的完整性和意如流水的连贯性。

（3）慢练有利于周身关节放松，呼吸顺畅，气血流畅，做到骨松肉坠。

（4）慢练有利于在练功中体会心法意念在动作中的深奥内涵，从而达到"意动身随"。

（5）慢练能更好地体会六合，即上下肢手与脚合、肘与膝合、肩与胯合的外三合和心与意合、意与气合、气与力合的内三合，锻炼出心意气力合一、集于周身一体的整劲。

总之，走转是快慢相兼、循环往复的过程，慢练才能练出整劲，更有利于肌肉记忆。当然慢练是为了快用，慢中出来的快才是真快，练功者在锻炼过程中自可感悟。

3. 关于练功伤膝关节的问题

有很多八卦掌练习者在走转一段时间后出现膝关节疼痛的现象。这是练功方法不正确造成的。

首先，练习八卦掌时要先遛腿，初学者七分遛三分练，慢慢过渡到三分遛七分练。遛腿即自然走转。在练功前遛腿可以调动身体的整体功能，实际上是热身过程。冬季天气寒冷，运动前的热身就更是必不可少，尤其对保护膝关节更是重要。

其次，八卦掌走转不要过于追求下盘，有些人为了追求出功快或者要显示自己功夫深，刻意往下压低式子转掌，必然伤膝关节。走转一定要遵循科学规律，量变到质变是渐变的过程，九转功成。此外，下盘练习未必符合运动生理学，不必刻意追求。

再次，也是最重要的一点，走转一定要保持上下一条线，即重心垂直。按照练功的要领去做，也就是头的重量要顺达到脊椎，上身的重量要顺达到腰胯，走转时无论是转掌的式子高低，全身的重量都要由腰胯顺达到脚掌。膝关节只是身体重量顺达到脚下的过渡而不是力量的支撑点。这样膝关节就不会因为受力过大而受到伤害。

最后，走转过程中脚趾不要抓地，脚趾抓地，脚踝及小腿肌肉紧张，会影响重力下沉，使身体的重量截在膝关节而不能顺达到脚踝、脚掌。所以铁老传功特别强调脚要轻拿轻放，把脚"搁"在地上。学者自悟。

4. 练功的要领，意大则僵，意小则弛

练功中对身体各部的要求是顺项提顶、松肩坠肘、含胸拔背、溜臀吸胯、吊裆裹臀、实腹畅胸、滚钻争裹、拧旋走转、磨腿蹭胫、起平落扣、曲腿趟泥。

总之，这些要求实质上就是要身体自然顺遂，恢复先天自然状态。练功中要领要一个一个往身上找，要领上身后要得一忘一，如同吃饭用筷子，学会了以后就不必刻意想着每个手指是如何动作的了。有人曾说过，身体某一处感觉紧，不能松开，于是就想着这个地方要松，结果越想松越松不开，反而更紧了。这其实就是意念太大了，意大则僵，适得其反。也有人在练功中始终松松垮垮，练不出整劲。这其实就是意念太小了，周身松弛。所以练功中无论是对身体各部的具体要求还是内功心法的要求，所有意念都应该在有意无意之间，无过无不及，也就是既有规矩又无规矩，既有意念又无意念，整个身心处于有意无意之中，从而达到无所有、无所不有、无所空、无所不空的真空、妙有状态。诚如刘世魁大师所言："两脚任凭行出去，一灵只与气相随，有时四大醺醺醉，借问青天我是谁。"

第三章

静功的练法

养生古籍《保生秘要》引《素问·上古天真论》曰："恬恢虚无，精神内守。盖以静功调养真气。"静功于传统武术练功者和只为健身者皆可练习，且男女老幼咸宜。习武者习之调养内息、炼神导气，既可养生健体又可增强功力。养生者习之自可气血充盈、防病健身。静功尤以体弱者更为适宜。在此介绍三种功法：先天坐功、卧功（平卧式）、自然站桩功。

先天坐功

可以在室内或室外安静无干扰且空气清新的清静地方练功。练功中不可与人交谈。服饰宽松，腰带不可太紧。

选一个高矮合适的坐凳，即练功者坐在凳子上两大腿基本与地面处于平行状态，座位不可过高。

面南或面北而坐，顺南北地磁场方向。

坐定以后，两小腿垂直地面，不要前伸，不要后屈。两腿分开，与肩同宽，两手轻扶在两膝之上，手指自然分开。两手劳宫穴通过膝、小腿与脚下涌泉穴相对。

此时身体坐直，不要倚靠椅背，下颌微收，头顶百会穴与会阴穴垂直。用意念将头面、颈项、两肩放松，两肘自然下垂。随之背腰放松，两腿不着力，两脚搁在地面上。

收视垂帘。眼睛平视前方约1分钟后，目光收回，上眼睑下垂，眼睛处于微启状态，目光看向前斜下方。眼全开神漏，全闭神昏，故要"收视垂帘"，精神内守。

塞兑反听。口闭，舌尖轻抵上颚。任督二脉开窍于口，舌尖轻抵上颚称为鹊桥高架，接通任督二脉，称为塞兑。自然呼吸，意守下丹田，反听自身呼吸之声。久之自可"恬愉淡泊，涤除嗜欲"，静神定心，积精聚气。（图1、图2）

图1   图2

按照上述要领练功一段时间可以感到身上气血充盈。收功时不要立即起身，要按照下面所述收功。双手在双膝上旋转抚摸逐渐加大旋转的范围，防止两膝因练功发热而手骤然离开，凉风侵入膝关节，同时对膝关节进行按摩。待膝关节适应外界温度后，双手再离开。此时双手相搓数次后在头上沿前发际向后干梳头数次，然后双手沿面部两侧下行对太阳穴、双耳，以及面部的眼眶、鼻子进行按摩。同时叩齿，将叩齿产生的口内津液徐徐咽下。

此时双手沿面部、颈部、胸部、腹部轻轻按摩，徐徐下行至双膝。此过程可重复3～5遍即收功完毕。

按照以上要领练习，刚开始时，花费15分钟即可，逐渐可以适当延长到半小时左右。日久真气运行自如，可以随时自己掌握时间、练功方位，可长可短，随心所欲。

卧功（平卧式）

卧功应在室内练习，一般在卧室床上即可，方位以南北为好，如条件不允许也可不必强求。

练功者平卧于床上，头枕适宜高度的枕头，枕头过高过低均不利真气运行。两脚自然分开与肩同宽，脚尖朝上。两手放在身体两侧即可。练习卧功时眼睛可以轻轻闭上，两唇轻闭，舌尖轻抵上颚。

练功者用意识想象头面、颈项、肩背、胸腹、两臂到手掌、腰胯、大腿、小腿、两脚放松，至此全身各部放松，整个身体不挂力，好似一个物体松松沉沉地搁在床上。

练功者自然呼吸。想象身下的床不见了，上边的屋顶不在了，整个身体好似在宇宙中悬浮，来自身体四周的天地日月精华、五行真气在托扶、包裹着身体，我在气中，气在我中，天人合一，营养滋润着身体。想象整个身体像一个皮囊，里面逐渐充满液体，使皮囊渐渐充盈，液体在体内鼓荡，从头到脚滋润着身体的五脏六腑、四肢百骸。（图3）

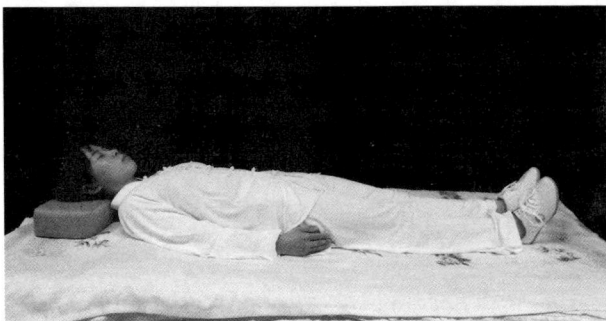

图3

睡前练习此功，至此有可能渐渐入睡，顺其自然即可。待清晨睡醒再行收功。如在清晨或其他时间练习可按照下述内容收功。双手慢慢抬起，食指分开至头顶，沿头顶经面部、颈项、胸腹缓慢下行至两腿，引导体内气息下行，两手到大腿往下够不到的地方开始用意念引导气息下行到脚底涌泉穴。如此反复3～5次即可。

另外，在双手做动作同时舌头在口腔内赤龙搅海，也就是舌头在口内牙齿内外沿牙龈上下左右搅动，搅海产生的津液称金精玉液，缓缓咽下滋养脏腑。

此卧功初练可进行15～20分钟，时间宽裕延长至40分钟亦可。习练此卧功一段时间后，可以按照下面方法引导小周天运行，即按照上述练功方法到第5遍感觉体内气感充盈时，用意念引导督升任降。引导内气从下丹田起，至会阴、尾闾、命门、夹脊、大椎、玉枕、百会、上丹田、中丹田后回下丹田。小周天引导下行容易、上行难。若遇到引导困难的关口如尾闾、大椎、玉枕，可意守聚气敛气，气场足了自然过关。整个周天引导过程需缓缓而行，不可躁进。

卧功容易引导小周天运行，卧功引导成功后可以此类推，用于坐功和站功。

自然站桩功

自然站桩功简便易行，只要条件允许随时可以练习，甚至在等车、排队时都可以随时练习。如果条件允许，选一清静的环境最好，室内、室外均可。

条件允许最好面南、面北顺着磁场方向。初时练功时间为15分钟左右，以后可以逐渐延长到40分钟。随时练功可不拘方位，时间随意掌握亦可。

练功时，两脚开立，与肩同宽，两膝微曲。两手自然下垂于身体两侧，手指似曲非曲，似直非直，自然下垂。身体中心放在两腿之间。

从头上开始，百会穴微有上提之意，顶头悬。下颌微收，头面正直，不要低头、仰头，不要左右歪斜。颈项放松正直，不可僵硬，也就是顺项提顶。头好像轻轻地放在脖子上。面部放松。

双眼与坐功要求一样，收视，垂帘，塞兑，精神内守。舌尖轻抵上颚，鹊桥高架，接通任督二脉。

松肩坠肘，即沉肩坠肘，是指肩一旦放松则肩臂自然下垂。

含胸拔背，肩放松在下沉的同时会自然内收，背部自然微拱，呈圆形的状态。

溜臀吸胯，吊裆裹臀，是腰胯放松，腹股沟微微内收，臀部有内裹之势，同时谷道自然内缩。裆部呈圆形，不可尖裆。

如履薄冰，即两脚轻轻平放在地上，好似踩在薄冰上不可用力，不可十指抓地，意念想象落地生根，即脚掌与地面连为一体。

呼吸纯任自然，精神内守，意守下丹田即脐下三指。两手在体侧，意念想象十指与地面相接，入地三尺。（图4）

图 4

如站桩过程中感觉哪个部位不舒服了，可以微微调整姿势，用意念想象放松这个部位，但是意大则僵，微调即可。

收功。站桩结束时双手应该已经气血充盈，有一定得气感。此时双手在体前缓缓抬起至头顶，意念将手上之气由头顶灌入，随之经由面部、颈部、胸腹，引导内气下行直到脚掌涌泉穴，如此3～5遍收功即可。

整个站桩过程身体注意不要前俯后仰，保持中正安舒，清静自然，渐渐进入一片空灵寂静、物我两忘、天人合一的境界。

第四章

单操功法

八卦掌单操功法四式是行桩前的准备活动。八卦掌单操式子很多，此书因是为八卦掌入门所写，现仅选其中四个式子进行介绍，分别是煽腰砍肾排打功、单双正反片旋掌、大鹏展翅双飞式、左右回环转臂功。此四式既可以作为每日练功前的准备动作来预热、活动身体，防止身体在走转中变得僵硬，又可以作为练功后的整理动作疏松筋骨，还可以作为单操反复练习，用以强化和锻炼身体的特定部位和功力。同时，此四式亦有极强的技击意义。

第一式　煽腰砍肾排打功

此排打功是通过手掌对胸、腹、腰、背、肩的排打，以腰运臂，以掌心、掌背击打身体各部位，来达到强化身体表面抗击打能力的目的。同时，此排打功对体内五脏六腑起到震动激荡按摩的作用，并且通过身体以脊柱为轴的抻拉旋转，加大骨骼肌肉的灵活性和运动幅度，是一种简单有效的运动前的热身方式和运动后的收功方法。同时，此排打功对颈椎、胸椎、腰椎也具有良好的锻炼和保健作用。

具体练法如下。

身体直立，两脚打开与肩同宽，两脚平行或脚尖微微内扣，两膝微曲，身体放松，沉肩坠肘，两手垂于身体两侧。（图5）

图5

身体左转，右掌掌心拍击小腹，左掌掌背拍击身后对应部位。（图6、图7）

图6   **图7**

　　身体右转，左掌掌心拍击小腹，右掌掌背拍击身后对应部位。（图8、图9）

图8　　　　　　　　　　　　　　**图9**

　　如此反复拍击若干次后加大身体的旋转角度，左右掌改成拍击左右小腹和身后外侧。

　　双手上移，身体左右旋转，分别用掌心和掌背拍击肚脐神阙穴和身后命门穴。（图10～图13）

图10　　　　　　　　　　　　　　**图11**

图 12   图 13

　　如此反复拍击若干次后，加大身体旋转角度，分别用左右掌心和掌背拍击左右侧腹部和腰部。

　　双手上移，身体左右旋转，分别用掌心、掌背拍击上腹部和背部。

　　如此反复拍击若干次后，加大身体左右旋转角度，分别用左右掌心和掌背拍击两胁和对应的背部。

　　双手继续上移，身体左右旋转，分别用掌心和掌背拍击胸部和背部。

　　双手继续上移，身体左右旋转，用掌心拍击肩部，用掌背拍击背部。（图 14、图 15）

　　开始练习时，身体左右旋转角度小，拍击的力度适当，以自身能承受为准；随着身体逐渐适应，旋转角度逐渐加大，力度加强。左右旋转的角度可以达到 180°，也就是可以看到身体背面中心线的物体。

　　练习排打功开始时可以用手掌心和掌背拍击，久之身体有了一定的抗击打能力后可以双手虚握拳，用拳心和拳背进行排打。

图 14　　　　　　　　　　　图 15

　　在排打过程中身体始终要保持中正放松，双臂如同两根绳子，两手犹如拨浪鼓的两个小锤，利用身体的摆动击打身体的各个部位。

　　在排打初期不必考虑呼吸，顺其自然就好。待动作熟练后，要配合呼吸练习，在击打的瞬间用鼻子短促喷气，气沉丹田。

第二式　单双正反片旋掌

　　片旋掌可以分为单手练习和双手练习，又分为内旋练习和外旋练习。在定步片旋掌练习熟练后可以在圈上或直线上做活步练习。同样，片旋掌既可以作为练功前的准备活动，也可以作为练功后的收功整理动作。

一、定步单手内旋片旋掌（以右掌为例）

双脚开立与肩同宽，脚尖微内扣呈夹马桩，双掌自然下垂。
（图 16）

图 16

右臂经腹前向左向上画圆，随着手臂画圆，逐渐翻掌。（图 17）

图 17

到头顶成仰掌，只手擎天。（图 18）

小臂继续弧形仰掌外旋至头面前，迎风挥袖。（图 19）

图 18

图 19

上体右转，旋臂，仰掌在右腋下向身体右后方穿出，此称腋下偷桃。（图 20）

图 20

保持仰掌，松肩旋臂，向上体左斜上方拧转至头顶，只手擎天。（图21～图23）

| 图 21 | 图 22 | 图 23 |

右臂循此轨迹可以反复运转多次回环。注意在整个动作过程中，眼随手转。上体随之自然拧转。

左掌与右掌练习相同，这里不再重复。

二、定步单手外旋片旋掌（以右掌为例）

双脚开立与肩同宽，脚尖微内扣呈夹马桩，双掌自然下垂。（图24）

图 24

屈右肘，右掌上提到颈前成仰掌，向右斜上方平摊掌。（图 25）

图 25

右掌继续向外，向后仰掌旋转经脑后到头顶，脑后摘盔。（图 26、图 27）

图 26

图 27

右臂继续拧转，向上体右斜下后方仰掌穿出。（图 28）

图 28

于右腋下回收内旋收于头面前。（图 29、图 30）

图 29

图 30

右掌继续上行向身体右斜上方摊出，平摊掌。（图 31）

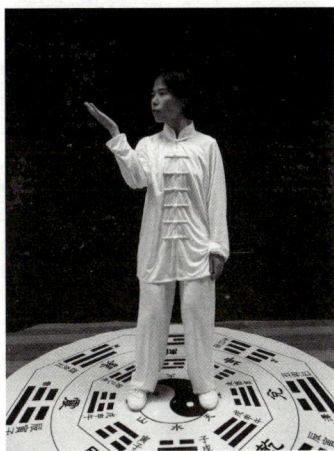

图31

右臂循此轨迹可以反复运转多次回环。注意在整个动作过程中，眼随手转。上体随之自然拧转。

左掌与右掌练习相同，这里不再重复。

三、定步双手内旋片旋掌

在左右手单手内旋片旋掌熟练掌握后，即可练习双掌内旋片旋掌。双掌运行轨迹与单掌相同，不过是左右双掌同时动作。

双脚开立与肩同宽，脚尖微内扣呈夹马桩，双掌自然下垂。（图32）

双掌小腹前交叉内旋。（图33）

图32

图 33　　　　　　　　　　图 34

两臂上抬至胸前翻掌。（图 34）

两臂继续上行至头顶成仰掌，掌心朝天，双掌擎天。
（图 35）

图 35　　　　　　　　　　图 36

双掌同时外旋经体侧到身前，约与颈部齐高，小鱼际相对，双掌切向敌方脖颈。（图36）

含胸吸腹，双掌回抽到两腋下。（图37）

图 37

两臂双掌滚裹内旋，掌指朝后，由腋下向后平穿后外展。（图38、图39）

图 38

图 39

至身前交叉，开始下一个循环动作。（图40）

此动作可以循环反复重复多次。整个练习过程中眼随手转，身体随手的动作自然俯仰，脊柱呈蛇形前后屈伸。呼吸顺其自然。初练时幅度不宜太大，经过一段时间的锻炼，身体适应后逐渐加大动作幅度。

图40

四、定步双手外旋片旋掌

双脚开立与肩同宽，脚尖微内扣呈夹马桩，双掌自然下垂。（图41）

图41

图42

双掌提起到颈前，双掌小鱼际相对，指分掌凹呈仰掌。（图42）

双臂伸展外旋，双掌外旋，伸向身体两侧，双手平摊掌。
（图 43）

图 43

图 44

两臂屈肘后旋，双掌脑后摘盔。（图 44）

双掌经头顶到头面前，掌背相对。（图 45）

图 45

图 46

双掌分开，屈腕屈肘，继续向下，向身体两侧外旋至两腋下，掌指朝后。（图46）

双掌在两腋下内旋。（图47）

图47　　　　　　　　　　　　图48

双掌由腋下穿出到胸前，小鱼际相对，指分掌凹呈仰掌。（图48）

至此，定步双手外旋片旋掌完成，可以循环反复练习多遍。在练习过程中身体也是随手的动作开合俯仰，颈椎、胸椎、腰椎呈纵向蛇形屈伸，呼吸顺其自然。初练动作幅度不宜太大，经过一段时间锻炼，身体适应后，可逐渐加大动作幅度。

片旋掌的练习对于身体的柔韧性、灵活性和稳定性有着很好的锻炼作用，可以有效地训练身体的滚裹钻翻能力和松沉灵敏度。片旋掌单手内外旋练习，可以单手反复循环进行，熟练后可以左右手内外旋交替反复练习。整个练习过程中要保持手眼相随、呼吸顺畅、重心稳固。

待片旋掌定步练习熟练以后，可以配合掰扣步练习活步片旋掌。活步片旋掌可以转圈练，也可以走直线练。活步片旋掌配合步法、身法，可以提高身体在运动中闪展腾挪的灵活性、身体重心的稳定性、力点转移的多变性。同时其更具有强烈的攻防技击意义。学习者掌握了片旋掌和掰扣步后可自行练习活步片旋掌，在此不详述。

第三式　大鹏展翅双飞式

大鹏展翅双飞式是以脊柱为轴，双臂在上、中、下三个部位开合扩胸的锻炼方法。此方法通过两臂的开合，锻炼胸肌、背肌和腹肌，调整胸背肌肉力量平衡。

大鹏展翅双飞式锻炼方法如下。

一、平行步双飞练习

两脚平行站立，两脚分开与肩同宽，双膝微曲，双掌自然下垂。（图 49）

图 49　　　　　　　　图 50

两臂抬起到胸部，掌心相对。（图 50）

以脊柱为轴，背肌发力，两臂肘部先行引带腕、掌分开。
（图 51）

图 51

图 52

两臂在身体两侧，意念有如拉开两手间的弹簧。（图 52）

下一动，含胸收腹，两臂内合到胸前。两臂意念有如大鹏
鸟挥动两只巨大的翅膀，翱翔在万里高空。（图 53）

图 53

如此反复数次后，身体舒展，两臂抬高到头顶两侧成"V"字形。（图54）

随后两臂向下挥动至身体两侧，平髋关节，掌心向下。（图55）

两臂向下时头引颈向上，两脚后跟随之抬起。意念有如大鹏挥动翅膀向高处奋力飞翔。如此反复数次后，两臂向下在小腹两侧分开。（图56）

图54

图55

图56

随之两臂在小腹附近相合。此时的意念有如大鹏鸟在高速飞行中挥动双翅要阻挡空气来降低飞行速度。如此反复数次。（图57）

图 57

二、丁八步双飞练习（可左右步交替）

以右丁八步为例（即右脚在前，左脚在后）。丁八步双飞式上肢动作同平行步双飞式一样，关键是下肢步伐改为丁八步，即两脚前后站立，后脚尖外开约30°，前脚尖微扣，前脚尖与后脚跟基本在一条直线上，两腿微曲。随着功力的加深，可以适当加大前后脚的距离，同时加大两腿弯曲程度，也就是可以将式子放低一些，但不可强求。（图58）

图 58

在练习丁八步双飞式时，身体重心随双臂的开合前后自然移动，注意重心的前后移动是通过前后移胯进行的。

中部双飞式，见图 59、图 60。

图 59

图 60

上部双飞式，见图 61、图 62。

图 61

图 62

下部双飞式，见图 63、图 64。

图 63　　　　　　　　　　　图 64

动作意念与平行步练习基本相同，故不赘述。

双飞式是模仿大鹏展翅天空的动作，上部双飞即振翅飞升的上升之势，中部双飞即在高空翱翔的潇洒雄姿，下部双飞即在高速飞行中减速之势。练习者在练习中想象双臂有如两只硕大的翅膀，带动身体在空中飞翔，而翅膀的动力来源于背肌和胸肌及腹肌。在练习过程中要以脊柱为轴，挤压、舒展任督二脉，进而对胸腹部内脏进行体内按摩，提高心肺功能。

第四式　左右回环转臂功

回环转臂可以左右丁八步交替练习，两臂的回转是正反交替练习。

以右脚在前丁八步回环转臂功为例。两脚前后站立，右脚在前，脚尖内扣，左脚在后，脚尖外掰约 30° 左右，前脚尖与

后脚跟成直线，成右势丁八步。两臂自然下垂，松肩坠肘，两掌自然下垂，掌指微曲，垂于身体两侧。（图 65）

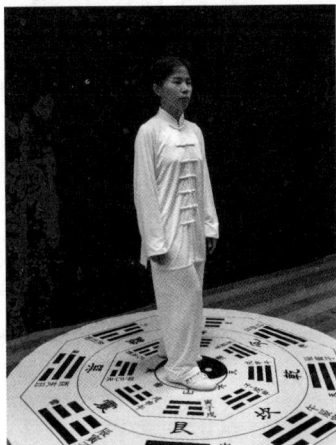

图 65

两臂同时动作，左臂直臂上撩，经身体中线至头顶左侧向身体后方落下，右臂直臂后抬，在身体右侧画弧至头顶，向前沿身体中线下劈。两臂在头面前交叉。（图 66～图 69）

图 66

图 67

图 68

图 69

两臂在体侧环形回转是以肩为轴，身体保持正直，两肩以腰为轴，随两臂圆转左右拧转。

如此环形转臂数次后，两臂反方向回转，上身和两臂要求同上。

在右脚在前丁八步正反回环反复练习多次后，可在右掌下劈时上左步，成左脚在前的丁八步。（图 70）

两臂再练习正反回环转臂，练习次数可根据情况自行掌握，要求同上。

左右回环转臂功转腰松胯，两臂以肩为轴，如车轮旋转，可以锻炼身体两臂的协调性，提高重心的稳定性。同时对于两肩的

图 70

放松有特殊的训练作用，从医疗康复角度讲可以预防肩周炎。
回环转臂功也是撩劈掌，配合步伐，有积极的技击作用。

第五章

行桩功法

行桩是八卦掌入门的基础，是最重要的基本功，是意、气相结合的肢体运动，具有内外兼修、动中求静、静中有动的特点。行桩是集采气、行气、养气、蓄气为一体的过程。通过练习不同的桩功和在不同阶段所用的不同意念，可锻炼身体各部的筋骨肌肉和气血经络，增强身体的功力和协调性，改善人体的动态平衡能力和神经系统的感知能力，求得身体刚柔相济的混元力。总之，行桩是训练知己功夫的重要途径。

八卦掌行桩也称定式八掌（以往为对应"八"的数字大多会选八个式子，本人认为不必牵强所以选了九个定式），对于修炼八卦掌有极其重要的作用，有着不可替代的功能。行桩是学习八卦掌的基本功，对于提高功力，炼神导气，修真养性，修习内功、内力，外壮筋骨，内修真气，强身健体是不可或缺的功法。同时行桩走转具有丰富的技击攻防技术。所以练习八卦掌要始终重视行桩的修习。

下面笔者将八卦掌行桩各式的动作和内功心法及练习的步骤方法详细介绍。凡有志于深入学习八卦掌者，按部就班循序渐进的练习必可初步领略八卦掌的真谛。如若仅仅想要达到养生健身的效果可以不必过于苛求具体的要领，也能达到意想不到的健身效果。

第一式　猛虎出山垂手掌

垂手掌又称下沉掌、踏掌等，本门所传称垂手掌。垂手掌是本门行桩第一个走势，看似极其简单，两手下垂，循圈走转。然而简单不代表容易，所谓大道至简，正因为简单才更难。一般认为单换掌是八卦掌的基础，实际上垂手掌更是八卦掌基础的基础，垂手掌在不同的阶段有不同的练法，如果不认真练上一年甚至更长时间的垂手掌，打下坚实的腿上功夫和炼神导气的基础功夫，匆匆忙忙支起手来，必然顾此失彼，手忙脚乱，根基不牢。要想认真地学习八卦掌，垂手掌是最重要的基本功，是登堂入室的必经之途。学好垂手掌几乎可以把八卦掌所有基本要领练到身上，为进一步学习领会八卦掌的真谛打下坚实的基础。

一、初习垂手掌

初习垂手掌的练习者不可能一下掌握所有要领，要循序渐进，逐渐体会一个一个的要领。当掌握一个要领后就要忘掉它，再体会着找下一个要领，也就是要"得一忘一"。因为如果让一个没有任何练功基础的人按照顺项提顶、含胸拔背、松肩坠肘、溜臀吸胯、吊裆裹臀、曲腿趟泥、磨腿蹭胫、起平落扣、四正四隅八步圈等要求去走转，练习者一定不知所措，顾上不顾下，无所适从，身上一定是僵的。所以要按照步骤，一步步地潜心走转，将八卦掌的要领慢慢地、一点一滴地掌握，形成自然习惯，举手投足合乎规矩。这就是最起码的基本功。

此外，初学者每天练功一定要先遛腿，开始时七分遛、三分练，随着功夫上身，逐渐转为三分遛、七分练。就是练功数年功夫有成者，每次练功也应先左右遛数十圈，待身体活动开了再自然而然地进入练功状态。

初学垂手掌，开始时可以先按照自然步循圈走转，圈可大可小，十余步即可，速度也是自然步速，左右转圈数量相等。根据每个人具体情况转十余圈或二十圈就转换方向均可。走转一些时日，若练功者无不适即可进入下一步练习。

此时可嘱练习者走转前深吸一口气，由鼻孔快速呼出，实腹畅胸，可感到五脏六腑自然下沉，胸部微含，背部微凸，胸部松空，腰腹充实。松肩坠肘，双肩自然放松，两臂自然下垂，似挂在肩上，掌心向内，十指自然伸直，不可强直用力，略微曲，呈直而未直之状，放松后垂于身体两侧。心中意念想象十指尖入地三尺接通地气。切记不要使劲往地下够，而是在肩、臂、手都放松的状态下用意念想象手指与地面相接并深入地下。

此时周身放松，舌尖轻抵上颚，称为鹊桥高架，接通任督二脉。缓步循圈走转。切记意念入地三尺不能放出去，要始终和十指相连，走转时手指意念随之移动。久之可体会到手指微涨，气血充盈。这是炼神采气的第一步。以上所说深吸呼，实际上此气一呼就可自然做到含胸拔背、松肩坠肘、实腹畅胸、气沉丹田。如此走转，圈之大小仍不必强求，十步左右即可。左右圈数仍自行掌握，转十圈、二十圈或三十圈即转换方向皆可。呼吸纯任自然。走转中如果感到身体僵硬，可以用深呼吸调整，但是意念不可大，意大则僵，意小则弛。（图71）

图 71

如此走转一段时间，练习者含胸拔背，松肩坠肘，实腹畅胸，已经形成身体的自然习惯，就要忘记要领，也就是"得一忘一"。

此时走转中再体会顺项提顶。顺项是不要抬头、低头、探头，下颌微收，头不要左右歪斜，保持颈项正直。提顶是头有上顶之意，好像头顶有一丝线在轻轻地提着头发，但又不十分用力，头要轻轻向上顺其力。此时意念大了，脖子就僵了，意念小了，头就会"堆"在脖子上失去灵活。要想象颈项中有一个压力轴承，把头轻轻地"搁"在上边，保证头运转灵活。顺项提顶要想象头顶百会穴有一条垂线与会阴穴相穿，这是人体的中线，要始终与地面保持垂直，立如秤准。中线垂直则身体中正安舒，方可八面支撑，运转灵活而不失中。技击中这条中线极为重要。

经过一段时间走转，练习者顺项提顶又形成自然习惯后，就可以练习下肢动作，慢慢体会两腿微曲、脚平起平落的走转。两腿微曲要溜臀吸胯，吊裆裹臀。两臀要下溜内裹，有上翻吊裆之意，此时谷道自然内收。吸胯就是腹股沟要内收，不吸胯必然小腹前挺，身体容易后仰失中。吸胯的同时溜臀，不溜臀必然后撅，俗称撅屁股。撅臀时上身会前倾，所以做到溜臀吸胯吊裆裹臀，就自然会把腰填上。人体结构中脊椎从侧面看是"S"形的，填腰是要减小腰部凹下去的弧度，使上身的重量不要截在腰间。顺项和填腰是使头部和上身的重量逐级顺达腰胯，此时腰胯放松、膝关节放松、踝关节放松、双脚放松、足心自然涵空，身体的全部重量通过脚掌顺达地面。（图72）

图 72

　　这样既可以使人体重心降到最低而下盘稳固，又避免了膝关节受力过大而伤膝。练功者多出现膝盖痛，盖因练不得法，身体重量截在膝关节，练者不得不察。

　　笔者每见练功多年者仍不免前挺后撅、低头哈腰、撅着屁股走转、挺胸腆肚后仰。其实，要检验是否前挺后撅、立身中正很简单，行走时两臂下垂像一个线坠，看看肩部的中线和胯骨中线是否垂直。手在胯骨中线前边垂着，一定是撅着屁股、没溜臀，身体必然前倾；手在胯骨后边一定是没有吸胯，必然挺着小腹上身后仰。这两种情况下腰也一定没有填上。这是走转者易犯之病，所以一定要在走转中慢慢体会，身体不可因前挺后撅而前后失中。

如此走转一段时间，身体能符合上述要求就再找掩裆合胯、磨腿蹭胫、曲腿趟泥、里直外扣、平起平落的感觉。

这一阶段的走转，初时不要迈大步，开始仍不必强行追求八步一圈，可十余步一圈，逐渐收圈到四正四隅八步圈。要缓步徐行，小步慢走。慢慢把式子走下去，步子自然就大了。

练习掩裆合胯、磨腿蹭胫时，两腿如剪刀，可将胯视为剪刀的横轴，脊椎尾闾为剪刀的中线。实现走转中两腿重心转换横移幅度最小化，减小两腿之间的夹角，避免身体在走转中左右摇摆，俗称"扭秧歌"。

走转中重心由一脚向另一脚转移时，实脚要支撑身体全部重量，虚脚迈出是以身带步、胯带腿、腿带膝、膝带脚。腰胯放松，腿放松，脚踝放松，脚掌放松。绝不可脚趾抓地，脚趾抓地则脚踝紧，两腿及腰胯必然是僵的。要把脚轻轻地"搁"在地上，如履薄冰。脚尖有如蟋蟀之须，有前探之意，脚下有搓绳之念，随时可以收回。这样可以避免脚尖上翘，犯"晾掌"的毛病。

待前脚搁在地上后，重心由支撑腿缓缓转移到前腿，重心的前移是胯的移动，不是靠后脚蹬地。两脚虚实的变化是渐变，不是突变。这样才能如行云流水，

图73

似水中漂木，形断意不断，连绵不绝。（图73）

重心全部移到前脚以后，由胯带动后腿"提溜"起后脚，脚离地寸许尽量平起，想做到这一点一定要松踝关节，走出脚与小腿的"份儿"，也就是脚与小腿的角度要小于90°，并且随着走势的降低角度逐渐加大，这样才能避免"掀蹄"。如果"掀蹄"了，一定是没有松脚踝。（图74）

图74　　　　　　　　　　　　图75

此外，趟泥步不是后腿越过前腿才趟，而是后脚一提起前移就已经有了趟劲。练习者可以体会雨后走在泥泞的路上，既不要让裤腿后边甩上泥点，又不能让鞋尖撩上泥水的感觉。

循圈走转里直外扣，是指里脚脚尖不能往圈里掰，里脚跟步到外脚内踝时向圈内转胯，脚是直行前出沿圆走切线。（图75）

如果里脚往圈里一掰，胯就散了。外脚前行要靠近里脚踝伸出，掩裆送胯斜扣于内脚前。（图76）

图76

　　扣的角度则根据圈的大小变化，初练时圈大，扣的角度小一些；随着圈的缩小，扣的角度逐渐加大。这也就是说循圈走转不是靠里脚掰向圆心完成，而是靠外脚扣步走出的。

　　练习者按上述要领走转一段时间后，即能掌握要领，练习时十指微涨，气血充盈，渐渐有了得气感。小臂缓缓前移上提至胯前，手指意念带动地气上提，两掌拇指、食指、大鱼际外展，小鱼际和小指、环指内旋，小臂内裹，指尖朝前下，掌心朝前。两掌指分掌凹，十指外展，劳宫穴虚含，双掌在胯前好似推着一个球，意想十指好似放出的气网，在走转中推动、聚敛、采集身前的天地阴阳五行之炁（同"气"）。走转中要想象如在水中行，身体各部位都在克服前进的阻力，而身后又有一股力量似水流涌动在推动身体前进，此时身体既要前行又要用腰背抵抗身后的力量，使身体在既有前推之力，又有后撑之力的矛盾状态中前进。久之，自感双掌前聚起一团混元之炁。（图77）

图 77　　　　　　　　　　　　图 78

此时，双掌大鱼际和拇指内翻上提，小鱼际小指外展，双掌十指及劳宫穴意念相接相对，将所得之炁团抱于小腹前，即为抱球走转，俗称狮子抱球。（图 78）

假以时日，所抱之球愈发充盈，双掌分开有拉力，相合有阻力。此时可将双掌沿球外圆缓缓上行，轻抚于炁团之上，两掌环抱在脐前，将炁团看（kān）在小腹丹田之前，俗称狮子扑球。（图 79）

此炁团飘忽不定，是一团灵动之炁。双掌意念要聚拢并控制，使其既不能散去又不能把它挤扁。进而，把这团炁想象成精灵之物，双掌罩住，既不能让它跑掉又不

图 79

能让它伤到自己。此念一起，周身轻灵，可练出活劲，对将来柔化听劲会有神奇之效。

待感气场充足，周身顺遂，可以进行下一步训练。在狮子扑球走转中（以左转为例），左掌中指为轴，大鱼际、拇指、食指向下、向后滚压，带动小臂、大臂、肩同时滚裹，力达腰胯。形成向心拧转之力。同时右掌以中指为轴，小鱼际、小指、环指向上、向前滚翻，带动右臂，右肩滚裹，力达腰胯，也形成向心拧旋之力。在双掌拧转时将腹前掌控的炁团一分为二，落于两胯之侧。双掌所控炁团与地气相连。而两臂翻转拧裹产生的两股向心合力使上身向圆心拧转，眼神视向圈内，头也随之转动，神意内含。此时身体在人体梢节头和两臂梢节手的合力领带下向圆心拧转，此为梢节领带。（图 80）

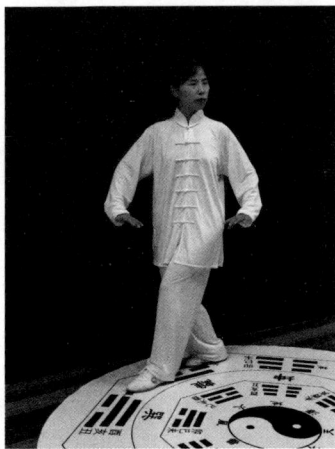

图 80

初练时要量力而为，循序渐进，逐渐加大拧转的角度，全身要松静自然，决不可矜能躁进，强行拧腰。否则中轴必死，身体必僵，气血不畅，贻害无穷。

八卦掌走转都是左右均衡地走转，一般来说左转多少圈，右边也同样走转多少圈，以保持身体内外神经、骨骼、肌肉、脏腑的阴阳平衡。所以一般如果左边转50圈，右边也要转同样的圈数。但是人身体的自然状态往往是两边动作并不完全一样灵活顺遂。所以在开始练习八卦掌走转时很多人会感到一边较顺，而另一边不顺、不协调。那么开始练习时，不顺的一边可以适当地多走一些圈数，以纠正身体的不平衡状态。

【歌诀】

垂手掌猛虎出山

无极垂手接地气，翻掌胯前领水移；
双掌抱球劳宫对，狮子扑球守中脐；
大小鱼际左右分，滚裹双臂到腰际；
梢节领带胯边移，平起平落转太极。

二、转向换势：单掰单扣和双掰双扣

八卦掌走转方向的转换和转掌换势一般多采用单掰单扣和双掰双扣两种形式。初学者练习可以采用单掰单扣的方法，待熟练后可以采用双掰双扣的方法换势。

因为在以后八卦掌练习过程中，几乎所有掌势的变换都要用到单掰单扣和双掰双扣，尤其是双掰双扣更是南城八卦掌的一个重要特点。掰扣步暗藏腿法，对锻炼身法、步法，身体的灵活性、稳定性极为重要，对各掌势练习中动作的转向变化衔接、掌势的应用及保证操练中的意念如行云流水、连绵不绝，以及攻防技击都起着重要的作用。所以练习八卦掌行桩垂手掌到一定程度就应该由单掰单扣换势进阶为双掰双扣换势。并且要把双掰双扣单独提炼出来反复操练，习练纯熟。

在这里按照八卦掌的教授步骤，先以垂手掌为例，详解单掰单扣和双掰双扣换势的具体方法，为进一步学习八卦掌打下基础。

第一阶段：垂手掌走转（以左转为例）。

图 81　　　　　　　　　图 82

需要转换方向时，目光左视，头随之左转，维持左手大鱼际、拇指、食指继续向下、向后翻转滚裹的意念，维持右手小鱼际、小指、环指继续向前、向上翻转滚裹的意念，带领腰胯向圈内滚裹，此时重心放在左脚，移右胯扣右步，右脚横扣在圈上左脚前。（图 81、图 82）

注意：此时扣步不是只用脚扣，而是在梢节，在头、掌、指的领带下，旋腰拧胯，胯带腿，腿带脚。扣步后移胯，身体重心前移至右脚。（图 83）

图 83　　　　　　　　　图 84

　　身体在手的带领下继续左转，开胯，左脚在圈上外掰步。（图 84）

　　而后移胯，身体重心移到左脚，右脚扣步落于圈上。（图 85）

图 85　　　　　　　　　图 86

此时面向圈外，双脚脚尖内扣在圈上，合膝合胯，身体中正，重心在两腿之间，成夹马桩。（图 86）

身体在梢节引带下继续左转至腰节极限。（图 87）

图 87　　　　　　　　　　　　　图 88

此时意念以左手中指为轴，想象将大鱼际、拇指、食指向下、向后翻滚，意念沿掌中弧线传至小鱼际、小指、环指，维持向前、向上翻转滚裹之意念，带动腕、肘、肩、背、腰胯右转。同时，右手以中指为轴，将小鱼际、小指、环指向前、向上翻转滚裹的意念沿掌中弧线传导至大鱼际、拇指、食指形成向下、向后的翻转滚裹之意念，带动腕、肘、肩背、腰胯右转。随着身体的右转逐渐将身体的重心移到左脚，右脚在圈上外掰。（图 88）

左脚上步，扣于圈上右脚前，上圈向右走转，即为单掰单扣。在走桩换势的初期可以如此练功。（图 89）

注意： 两手在转换方向时，大小鱼际在掌中的转换是走转中意如流水、连绵不绝、形断意不断的关键，必须慢慢体会。

待单掰单扣熟练后，可以开始练习双掰双扣。随着开胯幅度的加大，右脚掰步角度也慢慢加大，初练时就可以在圈上外掰。
（图 90）

图 89

图 90

逐渐开胯，加大向圈内掰步的幅度，两脚掰步几近 180°。
（图 91）

此时，将身体重心移至右脚，左脚随着梢节引领，经身
前、右脚近 360° 大扣步于右脚前。（图 92）

图 91

图 92

重心移至左脚，右脚继续掰步。（图 93）

图 93　　　　　　　　　　图 94

重心再移至右脚，左脚上步扣于圈上。（图 94）

至此双掰双扣完成沿圈向右走转。

第二阶段：在第一阶段练习熟练的基础上进行练习。

第一阶段不强调脚尖在掰扣时的作用，而强调用胯送腿、腿送脚，目的是在开始阶段，如果意念放在用脚掰扣上，容易造成腰胯紧张，胯无法放松下来。待经过一段时间的练习。腰胯能充分松开后，再走掰扣步时，要用上脚尖引带的意念，也就是下三节脚的梢节引带意念和上三节手的梢节引带意念要同时、同步进行，形成手与脚配合的两头同时引带作用。同时，眼睛要看向准备运转的方向，带动头这个全身梢节扭转。如此，全身在头、手、脚三个梢节的共同引领下协调运动起来。

总之，在整个练习过程中，无论是单掰单扣还是双掰双扣，都要在梢节引带下进行，要始终保持身体中线与地面垂直，不能前仰后合、左右摇摆而失中，掰扣的幅度随着功夫加深逐渐加大，不要强求，脚下要求不碾不欠。尤其是八卦掌的双掰双扣、大掰大扣，对身法、步伐的训练极其重要，习之日久自品其妙。

【歌诀】

垂手掌掰扣换式

里手鱼际后翻转，外手鱼际前滚翻；
外脚扣于里脚前，里脚掰步向后看；
外脚扣步体后转，面朝圈外夹马连；
梢节转至极限处，大小鱼际转回还；
回身顺步循圈转。

第二式　丹凤朝阳斜开掌

斜开掌简称开掌，为行桩走转之一，是八卦掌行桩走转功中很重要的一种桩法，既简单又实用。开掌有很强的强身健体、增长功力的作用，换式中又包含极强的攻防技击意义。在练习者垂手掌走转数月乃至一年以上，基本掌握顺项提顶、含胸拔背、松肩坠肘、溜臀吸胯、吊裆裹臀、掩裆合胯、磨腿蹭胫、曲腿趟泥、里直外扣、平起平落等要领后，身法、步法已经顺遂，手上有了一定的得气感之后，方可支起手来练习开掌。这样是为了避免下肢步法尚且没有掌握要领，形成自然习惯，又支起手来后手忙脚乱，顾此失彼，章法混乱，反而欲速则不达。

开掌可在垂手掌右转后，换势变成开掌左转，或左转后换势变成开掌右转。现以垂手掌左转变开掌右转为例讲解动作。

一、垂手掌换开掌单掰单扣

垂手掌左转准备换势。（图95）

图95

图96

目光看向左边，随之左转，左手大鱼际、拇指、食指继续向后滚裹，右手小鱼际、小指、环指继续向前滚裹，身体腰胯在头和双手梢节带领下左转。（图96）

重心在左腿，在圈上扣右步，右脚尖带领，横扣于左脚前。（图97）

重心前移至右脚。（图98）

图97

图 98

图 99

在圈上掰左步。（图 99）

重心移至左脚。上右脚扣于圈上，重心移至两腿中间，此时面朝圈外立身中正，成夹马桩。（图 100）

身体在头和两手梢节的带领下继续左转，同时左臂上抬与肩平高，同时右臂经胸前向右臂腋下穿出，两掌心向外，成左叶底藏花势。此时，两肩裹抱，紧背含胸，但背部要紧而不僵，胸部要含而不死。（图 101）

图 100

图 101

下一动，双掌以中指为轴上翻变仰掌，眼望右掌，随之右掌由左腋下外开至左掌下，头随之右转，沉肩坠肘，两手裹抱于胸前，成叶底藏花仰掌十字手。（图102）

图102　　　　　　　　　　　　图103

下一动，向左移胯，重心移至左脚，身体右转，右脚在圈上外掰顺在圈上。（图103）

此时翻左掌变成俯掌交叉在右腕上。（图104）

左右两掌同时动作，左掌在小鱼际带领下向左前斜下方的左胯前撑按。同时，右掌在大鱼际的引导下向右上方斜开到身体的右前方45°，大小臂呈弧形，手指尖与眼眉同高。

整个动作过程中眼随右手转。（图105）

图 104

图 105

接着上左脚沿圈走转。至此，由垂手掌换成开掌的单掰单扣换势完成。（图 106、图 107）

图 106

图 107

注意： 在左右掌向左下右上分开时，意念想象两掌、两臂间好似有一根皮条相连。两掌、两臂分开时以后背脊柱为立轴，手像两扇门，左右对拉外撑，挣开中间的皮条，也就是力从脊出，走出挣劲。

开掌行桩右转过程中，眼看右手，右手大鱼际、拇指、食指外翻梢节领带，掌心朝上。左手小鱼际、小指、环指向前，向上翻滚，掌心朝下。始终保持两手、两臂在走转中对拉外撑的意念。同时左手好像下按一个气球，右手好像上托一个气球。走转中要保持身体中正。走转的圈数开始时十余圈就可以转换方向，逐渐增加，自行掌握，左右均衡即可。

开始练习开掌行桩走转时，身体转向圆心的角度不必过大，防止走僵。日久，身体可以在梢节带领下逐渐面向圆心。

二、垂手掌换开掌双掰双扣

开掌双掰双扣可以从上文中介绍的仰掌十字手动作开始。（图108）

大掰大扣。头向右转，下肢呈夹马桩，两手滚裹合抱胸前，右手大鱼际外翻，左手小鱼际内裹，向左移胯，重心移至左脚，右脚开胯外掰，大掰在圈上或圈内，两脚平行呈180°。（图109）

图108　　　　　　　　　　　图109

　　重心移至右脚，掩裆合胯，左脚经右脚向身后大扣步到原来左脚的位置。（图110）

图110

图111

　　重心再移至左脚，开胯掰右脚顺在圈上。（图111）

　　重心右移，左脚扣于圈上。（图112）

　　此时，翻左掌变成俯掌交叉在右腕上。（图113）

图112

图113

　　左右两掌同时动作，左掌在小鱼际带领下向左前斜下方的左胯前撑按，右掌在大鱼际的引导下向右上方斜开到身体的右前方45°，大小臂呈弧形，手指尖与眼眉同高。同时，右脚上步。（图114）

图114　　　　　　　　　　　　图115

　　注意：整个动作过程中眼随右手转。初期，沿圈走转即可，不必追求转向圆心，随日久功深，可渐渐转向圆心。（图115）

　　至此，开掌双掰双扣换势完成。

三、开掌右转换左转

　　开掌右转到一定圈数后，如果要转换方向，就掩裆合胯，左脚上步，在圈上横扣于右脚前。（图116）

　　重心移至左脚，此时右脚和右手同时动作。右脚开胯外掰在身后圈上，同时右掌以中指为轴，手掌向内滚裹，在胸前横掌外撑，与肩同高。注意不要耸肩抬肘，要松肩坠肘。眼随手动，身随手脚右转。（图117）

图 116

图 117

　　重心移至右脚，上左步扣于圈上的同时，左手经胸前向右腋下穿出，成右叶底藏花势。（图 118）

图 118

　　以下动作同左叶底藏花以后的换势动作，唯方向相反，在此不赘述。

【歌诀】

丹凤朝阳斜开掌

叶底藏花掌上翻，扭转身形掰上圈；
前掌斜开眉同高，后掌下踏胯之边；
大小鱼际同滚裹，丹凤朝阳循圈转。

斜开掌掰扣换式

换式扣步掌外翻，梢节领带掰上圈；
下掌滚裹穿腋下，叶底藏花夹马连；
扭转身形掰上圈，前掌斜开眉同高；
后掌下踏胯之边，大小鱼际同滚裹；
丹凤朝阳循圈转。

第三式　大鹏展翅托天掌

托天掌也是八卦掌行桩的一个重要掌势，又称平托掌。托天掌对于两臂松沉劲的锻炼尤显突出，托天掌走转对身体各部的要求同上，在此不重复介绍。

托天掌以叶底藏花动作为开始进行介绍。此处说明，以下各式在转换方向和转换掌势时都采用叶底藏花来衔接过渡。有道是："叶底藏花，花开百家，叶底藏花，千变万化。"

一、叶底藏花换势大鹏展翅托天掌

换势由左势夹马桩叶底藏花仰掌十字手开始。（图119）

图 119

图 120

下一动，向左移胯，重心移至左脚，身体右转，右脚在圈上外掰顺在圈上。（图 120）

此时，双掌十字手上举到头前，指尖与眼眉同高，掌心朝内，掌背朝外。（图 121）

图 121

图 122

双掌在眼前翻掌，掌心朝外，力在小鱼际外缘，向外分开，

力从脊出，拨云见日。（图 122）

　　双掌沿身体两侧画圆下行，至小腹前，指尖相对，海底捞月。（图 123）

图 123

图 124

　　两掌掌背相对相合，指尖朝上。（图 124）

　　双掌沿身体中线上行，至下颌处旋臂外翻成仰掌，指尖朝身体两侧，掌与肩平。（图 125）

图 125

两掌指分掌凹，呈仰掌，同时向身体两侧穿出，力达指尖。
（图 126）

图 126

注意： 当两掌平穿后两臂不要绷直，随即松肩坠肘，两臂
微呈弧形，两掌指分掌凹，平托
于身体两侧。

此时头看向圆心，右手拇指、
食指、大鱼际有向后、向外滚裹
之意，左手小鱼际、小指、环指
有向前、向上滚裹之意。在两臂
梢节领带下，身体逐渐转向圆心。
（图 127）

此时，重心前移，上左脚沿
圈走转。

至此，大鹏展翅单掤单扣换
势完成。

图 127

二、大鹏展翅托天掌双掰双扣换势

换势从仰掌十字手开始。（图128）

下一动，头向右转，十字手滚裹合抱胸前，右手大鱼际外翻，左手小鱼际内裹，向左移胯，重心移至左脚，开胯右脚大掰步，可以掰在圈上或向圆心大掰落于圈内。（图129）

图128

图129

重心移至右脚，掩裆合胯，左脚经右脚向身后大扣步到原来左脚的位置。（图130）

重心再移至左脚，开胯掰右脚顺落在圈上。（图131）

图130

图131

重心移于右脚，左脚顺于圈上。（图 132）

此时，双掌十字手上举到头前，指尖与眼眉同高，掌心朝内，掌背朝外。（图 133）

图 132

图 133

双掌在眼前翻掌，掌心朝外，力在小鱼际外缘，向外分开，拨云见日。（图 134、图 135）

图 134

图 135

双掌沿身体两侧画圆下行，至小腹前，指尖相对，海底捞月。（图 136）

图 136

图 137

两掌小鱼际外缘相对相合，指尖朝上。（图 137）

双掌沿身体中线上行至下颌处。旋臂外翻成仰掌，指尖朝身体两侧，掌与肩平。（图 138）

两掌指分掌凹，呈仰掌，向身体两侧穿出，力达指尖。同时，上右脚顺于圈上。（图 139）

图 138

图 139

注意：同单掰单扣一样，当两掌平穿后，两臂不要绷直，随即松肩坠肘，两臂微呈弧形，两掌指分掌凹，平托于身体两侧。

此时头看向圆心，右手拇指、食指、大鱼际有向后、向外滚裹之意，左手小鱼际、小指、环指有向前、向上滚裹之意。在两臂梢节带领下，身体逐渐转向圆心。（图140）

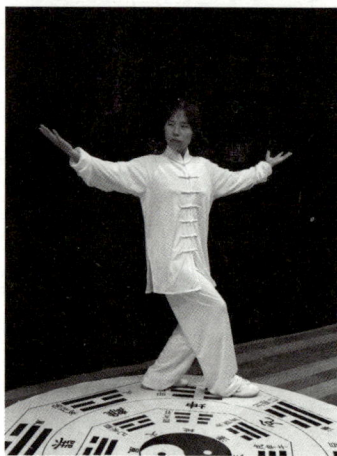

图 140

此时，重心前移，上左脚沿圈走转。至此大鹏展翅托天掌双掰双扣换势完成。

三、托天掌右转换左转

沿圈走转到数十圈后准备换势时，加大右手大鱼际外翻、向后滚裹的意念和左手小鱼际向前滚裹的意念，扭项转头，目视右掌，带动身体右转，松胯，左脚横扣于圈上右脚前。（图141）

重心前移到左脚。此时，手与脚合，同时动作。两掌仰掌内旋滚裹变俯掌。同时提右脚开胯外掰，身体右转，右掌继续滚裹，俯掌变横掌，掌心朝外。右脚掰步落于圈上。（图142）

图 141　　　　　　　　　　　图 142

　　上动作不停，重心移到右脚，左手经胸前俯掌向右穿至右腋下，同时提左脚上步扣于右脚前的圈上，成右势夹马桩叶底藏花。（图 143）

图 143

　　至此，托天掌右转换成左转已经完成到夹马桩，下一步托天掌左转动作与右转完全相同，唯方向相反，在此不详述。

注意： 在开始练习大鹏展翅托天掌时可以沿圈走转。随着日久功深，逐渐加大头和双手滚裹的意念，从而带动身体加大向圆心拧转的角度。此外，双掌意念为各托一球走转，可以想象各托一座大山，此念一起，劳宫穴逐渐会有发热的感觉。走转时两掌高度一致，松肩坠肘，不要端肩。两臂有如天平两端，身体中正。另外，古有习武者为提高两臂功力，双掌各托一石球重物或下悬一定重量的物体，练习者量力而行，切不可强求，以免造成肌肉劳损。

【歌诀】

大鹏展翅托天掌

叶底藏花掌上翻，扭转身形掰上圈；
双掌眼前拨云日，海底捞月掌指天；
颌下翻掌侧平穿，大鹏展翅循圈转。

托天掌掰扣换式

换式扣步掌外翻，梢节领带掰上圈；
下掌滚裹穿腋下，叶底藏花夹马连；
扭转身形掰上圈，双掌眼前拨云日；
海底捞月掌指天，颌下翻掌侧平穿；
大鹏展翅循圈转。

第四式　猿猴献桃双托掌

猿猴献桃是八卦掌行桩走转之一。练习走转猿猴献桃，既要走出猿猴的机警灵动，又要走出双掌和周身的滚裹合抱力。在转掌过程中要心敏意捷，外应其动，内应其静。猿猴献桃换势时有极强的防守进攻意义，练习者要学着自悟。

猿猴献桃身法要求同前，这里不再重复，从叶底藏花开始讲解。

一、叶底藏花换势猿猴献桃单掰单扣

换势由左势夹马桩叶底藏花仰掌十字手开始。（图144）

图144　　　　　　　　　　图145

下一动，向左移胯，重心移至左脚，身体右转，右脚在圈上外掰顺在圈上。（图145）

此时，双掌十字手上举到头前，指尖与眼眉同高，掌心朝内，掌背朝外。（图146）

图 146

图 147

双掌在眼前翻掌，掌心朝外。（图147）

力在小鱼际外缘，力从脊出，向外分开，拨云见日。（图148）

双掌沿身体两侧画圆下行，收于腹前，指尖相对，海底捞月。（图149）

图 148

图 149

双掌捧球沿身体中线上行至胸前膻中穴处。（图150）

双掌小鱼际相对相合，指尖向前，指分掌凹，犹如双手捧一个钢球。（图151）

图150　　　　　　　　　　图151

力贯掌指，掌指前插至身前，基本与鼻同高。（图152）

图152

注意：此时双臂不要完全伸直，完全伸直力就出尖，沉肩坠肘，双臂呈弧形。意念是想象将仙桃送入对方口中，掌指插向对方咽喉。

此时，重心前移，上左步上圈走转。

至此，猿猴献桃单掰单扣换势完成。

二、猿猴献桃双掰双扣换势

换势从上边仰掌十字手开始。（图153）

图153　　　　　　　　　　　图154

下一动，头向右转，十字手滚裹合抱胸前，右手大鱼际外翻，左手小鱼际内裹，向左移胯，重心移至左脚，开胯右脚大掰步，可以掰在圈上或向圆心大掰落于圈内。（图154）

重心移至右脚，掩裆合胯，左脚经右脚向身后大扣步到原来左脚的位置。（图155）

图 155　　　　　　　　　　　　　图 156

重心再移至左脚，开胯掰右脚顺落在圈上。（图 156）
重心右移，左脚扣于圈上。（图 157）

图 157　　　　　　　　　　　　　图 158

此时，双掌十字手上举到头前，指尖与眼眉同高，掌心朝内，
掌背朝外。（图 158）

双掌在眼前翻掌，掌心朝外。（图159）

图159

图160

力在小鱼际外缘，力从脊出，向外分开，拨云见日。（图160）

双掌沿身体两侧画圆下行，收于腹前，指尖相对，海底捞月。（图161、图162）

图161

图162

双掌捧球沿身体中线上行至胸前膻中穴处，双掌小鱼际相对相合，指尖向前，指分掌凹，犹如双手捧一个钢球。（图163、图164）

图 163

图 164

力贯掌指，掌指前插至身前，基本与鼻同高。（图165、图166）

图 165

图 166

沉肩坠肘，双臂呈弧形。意念是想象将仙桃送入对方口中，掌指插向对方咽喉。

注意：双臂不要完全伸直，完全伸直力就出尖。

此时，重心前移，上左步上圈走转。

至此，猿猴献桃双掰双扣换势完成。

三、猿猴献桃右转换左转

沿圈向右走转多圈后准备换势。（图167）

移胯上左脚，扣步于圈上。（图168）

图167   图168

重心移至左脚，右脚外掰，同时右掌滚裹上旋，意念将双掌中所托之球向左旋转，交与左掌，右掌在上成俯掌，左掌在下成仰掌。（图169、图170）

图 169

图 170

重心移于右脚，左脚扣于圈上。（图 171）

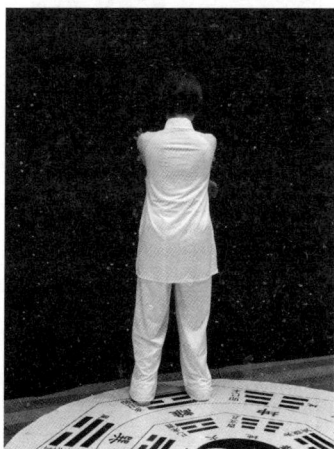

图 171

身体继续右旋，同时，右掌继续向外翻滚成横掌，左掌继续向右腋下穿插，成夹马桩右式叶底藏花。（图 172、图 173）

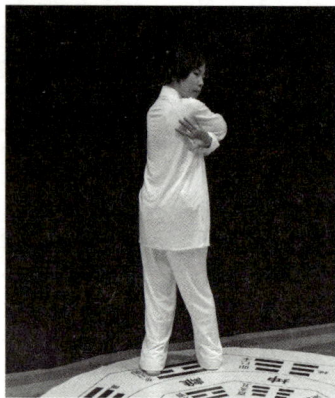

图 172   图 173

至此，猿猴献桃右转换成向左转掌的准备动作完成，下一步换势动作与左式叶底藏花到向右转掌动作完全相同，唯方向相反，在此不详述。

注意： 猿猴献桃走转初期，沿圈走转，日久，在双掌引带下逐渐向圆心拧腰旋胯。走转中双掌合住，双肘下沉，双肩放松，双掌有如捧托一团气球，双手有托球前送之意，腰背有后撑之意，要练出周身整劲。

【歌诀】

猿猴献桃双托掌

叶底藏花掌上翻，扭转身形掰上圈；
双掌眼前拨云日，海底捞月托胸前；
紧背含胸双掌穿，白猿献桃循圈转。

双托掌掰扣换式

换式扣步掌外翻，梢节领带掰上圈；

下掌滚裹穿腋下，叶底藏花夹马连；

扭转身形掰上圈。

第五式　黑熊反背阴阳掌

阴阳掌是八卦掌行桩功之一，也称黑熊反背掌。练习阴阳掌要两臂滚裹，前后对挣。阴阳掌走转步伐沉稳，守而待攻。在转掌换势中亦有极强的防守反击的战术意义。

阴阳掌走转身法要求同上，这里不再重复。下边从叶底藏花开始讲解。

一、叶底藏花换势阴阳掌单掰单扣

由左势夹马桩叶底藏花仰掌十字手开始。（图174）

下一动，向左移胯，重心移至左脚，身体右转，右脚在圈上外掰顺在圈上。（图175）

图174　　　　　　　　　　图175

双掌十字手上举，指尖与眼眉同高。（图176）

双掌在眼前外翻，成俯掌，左掌横于右掌背。（图177）

图176

图177

左右两掌同时动作，右掌向身体右斜下方下捋的同时，左掌力在小鱼际，沿右掌指尖横掌向身体左斜上方切出，小鱼际向上翻滚，成横掌撑于额前，掌心朝外。同时右掌在大鱼际领带下，向右胯后方塌掌，掌心朝右斜下方，成阴阳掌。与此同时，眼随右转，看向圆心。（图178）

重心前移，头向右转，身体在左手小鱼际向右上的滚裹和右

图178

手大鱼际向后、向右的滚裹的梢节共同领带下，迈左步沿圈右转。至此，阴阳掌单掰单扣换势完成。

二、阴阳掌双掰双扣换势

换势从上边仰掌十字手开始。（图 179）

图 179

图 180

下一动，头向右转，十字手滚裹合抱胸前，右手大鱼际外翻，左手小鱼际内裹，向左移胯，重心移至左脚，开胯右脚大掰步，可以掰在圈上或向圆心大掰落于圈内。（图 180）

重心移至右脚，掩裆合胯，左脚经右脚向身后大扣步到原来左脚的位置。（图 181）

重心再移至左脚，开胯掰右脚顺落在圈上。（图 182）

重心移至右脚，左脚顺于圈上。（图 183）

图 181

图 182

图 183

　　此时，双掌十字手上举到头前，指尖与眼眉同高，掌心朝内，掌背朝外。（图 184）

　　双掌在眼前外翻，成俯掌，左掌横于右掌背。（图 185）

图 184

图 185

　　右掌向身体右斜下方下捋的同时，左掌小鱼际沿右掌指尖横掌向身体左斜上方切出，小鱼际上翻，成横掌撑于额前，同时，右掌在大鱼际领带下，向右胯后方塌掌，掌心朝右斜下方，成阴阳掌。与此同时，眼随右转，看向圆心。（图186）

图 186

重心前移，头向右转，身体在左手小鱼际向右上滚裹和右手大鱼际向后、向右滚裹的梢节共同领带下，迈左步沿圈右转。至此阴阳掌双掰双扣换势完成。

注意： 换势时两手动作保持同时性，即右掌下将和左掌上切同步开始，左手到达额前和右手到达右胯外侧要同步，在双掌上切下将时，意念要想象双掌两臂间有皮条拉着，要克服阻力对拉，才能走出两手对撑的劲路。并且在转掌过程中两臂、两掌始终要挣劲。

另外，沿圈走转时目视圆心，头自然向圆心扭转，左掌小鱼际、小指、环指向右上滚裹，右掌大鱼际、拇指、食指向右后滚裹，身体是在头和两臂的共同带领下向右走转。练习者练习时向右走转容易耸右肩，向左走转时容易耸左肩，注意松肩坠肘。

三、阴阳掌右转换左转换势

阴阳掌右转多圈后准备换势，右脚在前。（图 187）

图 187 　　　　　　　　　　　图 188

移胯上左步，左脚横扣于圈上右脚前，重心前移至左脚。（图 188）

下一动，右手翻掌，掌心朝内，向左，向上经腹前，胸前竖在眼前，指尖朝上；左手下划至小腹前，掌心朝右；同时，提右脚外掰，落于圈上，身体随之右转，称美人照镜。（图 189）

下一动，重心移至右脚，左脚扣于圈上，同时，右掌下按外翻，掌心朝外横于胸前，与肩同高，左掌继续右穿于右腋下，成夹马桩右式叶底藏花。（图 190）

图189　　　　　　　　　图190

至此，阴阳掌右转换左转准备动作完成，下一步换成左转阴阳掌与左式叶底藏花换势动作相同，唯方向相反，在此不详述。

【歌诀】

黑熊反背阴阳掌

叶底藏花掌上翻，扭转身形掰上圈；
上掌横撑在额前，下掌下踏胯之边；
梢节领带身滚裹，黑熊反背循圈转。

阴阳掌掰扣换式

扣步照镜掌外翻，梢节领带掰上圈；
下掌滚裹穿腋下，叶底藏花夹马连；
扭转身形掰上圈，上掌横撑在额前；
下掌下踏胯之边，梢节领带身滚裹；
黑熊反背循圈转。

第六式　推山入海双撞掌

双撞掌也是八卦掌行桩功之一，是八卦掌中的精华，是锻炼击打、发放劲力的重要桩功。双撞掌走桩静如处子，周身滚裹圆撑，换势发力动如脱兔，排山倒海，摧枯拉朽，是重要的攻击技法。

双撞掌行桩走转身法要求同前，不再重复。下边从叶底藏花开始讲解。

一、叶底藏花换势双撞掌单掰单扣

换势由左势夹马桩叶底藏花仰掌十字手开始。（图 191）

图 191

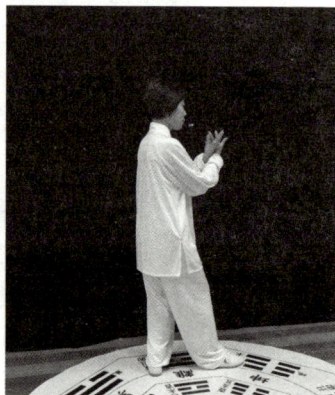
图 192

下一动，向左移胯，重心移至左脚，身体右转，右脚在圈上外掰顺在圈上。（图 192）

下一动，在大鱼际、拇指、食指向内、向下，小鱼际、小指、环指向外、向上的引带下，双掌指分掌凹，双臂滚裹外翻，掌尖相对，掌心朝外，吐气发力，气沉丹田，双掌向前推撞。两臂与肩同高，两臂沉肩坠肘圆撑。成双撞掌。（图193）

图193　　　　　　　　　　　　图194

重心前移，上左步循圈走转。（图194）

初练时，身体可以面向圆圈。假以时日，头逐渐向圈内右转，加大前撑，引领右掌拇指、大鱼际、食指向前拧裹的意念从手臂到肩再到腰胯，向圈内拧转。同时加大左掌小鱼际、小指、环指向上、向后拧裹的意念，引领意念从手臂到肩再到腰胯，向圈内拧转。

身体在头和双臂的拧裹带领下，逐渐转向圆心。练习要慢慢来，循序渐进，不要一下转向圆心，防止带脉僵死。

二、双撞掌双掰双扣换势

换势从仰掌十字手开始。（图195）

图 195

图 196

下一动，头向右转，十字手滚裹合抱胸前，右手大鱼际外翻，左手小鱼际内裹，向左移胯，重心移至左脚，开胯右脚大掰步，可以掰在圈上或向圆心大掰落于圈内。（图 196）

重心移至右脚，掩裆合胯，左脚经右脚向身后大扣步到原来左脚的位置。（图 197）

重心再移至左脚，开胯掰右脚顺落在圈上。（图 198）

图 197

图 198

上左步扣在圈上。（图199）

| 图 199 | 图 200 |

上右步的同时，在大鱼际、拇指、食指向内、向下，小鱼际、小指、环指向外、向上的引带下，双掌指分掌凹，双臂滚裹外翻，掌尖相对，掌心朝外，吐气发力，气沉丹田，两臂与肩同高，两臂沉肩坠肘圆撑，双掌在步法、身法的催动下，向前推撞，成双撞掌。（图200）

随之，循圈走转，如单掰单扣一样逐渐加大转向圆心的角度。

此外，在双撞掌行桩左转过程中，两臂始终保持滚裹圆撑，但是不能僵死，要呈有弹簧感的圆撑，也就是后背、两臂、手掌好似一个钢丝圆圈，既有弹性又有撑劲。

注意走转中不要抬肘，虽是平圆，仍有松肩坠肘之意。

三、双撞掌右转换左转

双撞掌右转数十圈后准备换势，右脚在前。（图201）

图 201　　　　　　　　　　　图 202

移胯上左步，左脚横扣于圈上右脚前，重心前移至左脚。
（图 202）

头向右转，双掌梢节继续领带身体右转，掰右步落于圈上。
（图 203）

图 203　　　　　　　　　　　图 204

重心移至右脚，身体继续右转，上左步扣于圈上，面向圈外，
重心在两腿中间，成夹马桩。

随身体右转，双肘微曲，双掌逐渐内收，呈椭圆形，蓄力
于身体右侧。（图 204）

　　之后，双掌同时加大滚裹外翻的力度，吐气发力，如同扁钢圈瞬间撑圆，力由脊发，犹如推山入海之势向身体右侧撞出。（图205）

　　左掌往右腋下穿出，掌心朝外，双臂合抱于胸前，成右势叶底藏花。（图206）

图 205　　　　　　　　　　　图 206

　　如欲换成左转双撞掌，则参考上边左叶底藏花换右转双撞掌，动作相同，方向相反，在此不详述。

【歌诀】

推山入海双撞掌

叶底藏花掌上翻，扭转身形掰上圈；
双掌环抱掌外翻，指尖相对横胸前；
掌心吐力身滚裹，推山入海循圈转。

双撞掌掰扣换式

换式扣步掰上圈，上步拧转至极限；
发力吐气沉丹田，掩肘回身十字手；

扭转身形掰上圈，双掌环抱掌外翻；

指尖相对横胸前，掌心吐力身滚裹；

推山入海循圈转。

第七式　狮子张口双合掌

狮子张口是八卦掌行桩功之一，也称合抱掌。练习狮子张口要走出草原之王的气势、王者风范的威武，但是不可怒目瞪睛，虚张声势，要精神内守，有王者的沉稳大度。同样狮子张口换势中也有极强的攻防技术。

狮子张口行桩走转身法要求同前，不再重复。下边从叶底藏花开始讲解。

一、叶底藏花换势狮子张口单掰单扣

换势由左势夹马桩叶底藏花仰掌十字手开始。（图 207）

图 207　　　　　　　　　　　图 208

下一动，向左移胯，重心移至左脚，身体右转，右脚在圈上外掰顺在圈上。（图 208）

下一动，两掌同时动作。右掌上抬内翻，指分掌凹，掌心朝下，横于胸前。同时，左掌下拉外翻，指分掌凹，掌心朝上，横于小腹前。此时双掌劳宫穴相对，左托右扶，意念想象双掌中抱一气球，成狮子抱球。（图 209、图 210）

图 209　　　　　　　　　　　图 210

做双掌抱球动作的同时，向左、向上、向右云转至右侧，右手停于身前 45°，左掌停于左额上方，掌心与右掌相对，此为狮子开口右式。（图 211～图 213）

图 211　　　　　　　图 212　　　　　　　图 213

重心前移，迈左步上圈，开始狮子张口行桩循圈走转。

二、狮子开口双掰双扣换势

换势从仰掌十字手开始。（图214）

图214

图215

下一动，头向右转，十字手滚裹合抱胸前，右手大鱼际外翻，左手小鱼际内裹，向左移胯，重心移至左脚，开胯右脚大掰步，可以掰在圈上或向圆心大掰落于圈内。（图215）

重心移至右脚，掩裆合胯，左脚经右脚向身后大扣步到原来左脚的位置。（图216）

图216

图217

重心再移至左脚，开胯掰右脚顺落在圈上。（图217）

重心右移，左脚顺于圈上。（图218）

图 218　　　　　　　　　　　图 219

　　下一动，两掌同时动作。右掌上抬内翻，指分掌凹，掌心朝下，横于胸前。同时，左掌下拉外翻，指分掌凹，掌心朝上，横于小腹前。此时双掌劳宫穴相对、相合，左托右扶，意念想象双掌中抱一气球，成狮子抱球。（图219）

　　做双掌抱球动作的同时，向左、向上、向右云转至右侧，右手停于身前45°，左掌停于左额上方，掌心与右掌相对，此为狮子开口右式。与此同时，上右脚。（图220～图222）

图 220　　　　　　图 221　　　　　　图 222

重心前移，迈左步上圈，目视右掌，开始狮子开口行桩循圈走转。

三、狮子开口右转换左转

狮子开口右转数十圈后准备换势，右脚在前。（图223）

图223

图224

移胯上左步，左脚横扣于圈上右脚前，重心前移至左脚。（图224）

下一动，手脚同时动作。右掌向上、向左运转，屈肘，成俯掌横于胸前，掌心朝下。左掌向下，向左运转，成仰掌横于腹前，也就是双掌抱球向右旋转，右掌在上，左掌在下，成胸前抱球，称狮子滚球。同时提右脚掰步，落于圈上。做上述动作的同时，身体随之右转，成掰步抱球。（图225）

图225

重心前移至右脚，左脚上步扣于圈上成夹马桩，同时身体

继续右转，面朝圈外，左掌向右腋下穿出，成右式叶底藏花。（图226、图227）

图 226　　　　　　　　　　　图 227

　　注意：狮子开口实际上是狮子抱球，换势是狮子滚球。在狮子开口转掌中是两掌在体侧抱球走转。走转中的意念是两掌相对、相合、相抱，两掌掌心劳宫穴相对，十指意念相连。右掌以中指为轴，大鱼际、拇指外翻，拧裹带动腰胯转向圆心；左掌是以中指为轴，小鱼际、小指、环指外翻拧裹，带动腰胯转向圆心，转掌中目视圈内手掌，头自然转向圆心。走转是在双掌梢节和人体梢节头的领带下进行的，从而走出周身滚钻争裹的整劲。望练习者细细品味。

【歌诀】

狮子开口双合掌

叶底藏花掌上翻，扭转身形掰上圈；

双手合抱球一个，下托上扶在身前；
顶上云球拧身看，狮子开口循圈转。

狮子开口掰扣换式

换式扣步圆心看，掰步滚球身前转；
上步下掌穿腋下，叶底藏花夹马连；
扭转身形掰上圈，双手合抱球一个；
下托上扶在身前，顶上云球拧身看；
狮子开口循圈转。

第八式　指天插地双立掌

指天插地行桩走转又称立掌。乾天坤地，阴阳相济，上下相依。上手意念直冲九天，下手意念入地三尺，拧裹钻翻，周身滚裹，犹如乌龙绞柱、抻筋拔骨。指天插地换势也有很强的攻防意义。

指天插地走转身法要求同上，不再重复。下面从叶底藏花开始讲述。

一、叶底藏花换势指天插地单掰单扣

换势由左势夹马桩叶底藏花仰掌十字手开始。（图 228）

下一动，向左移胯，重心移至左脚，身体右转，右脚在圈上外掰顺在圈上。（图 229）

图 228

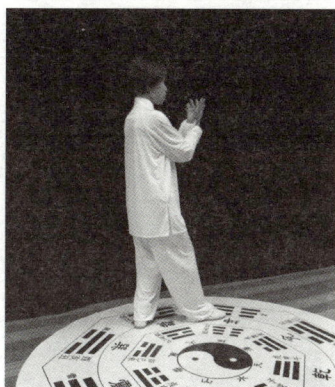

图 229

此时双掌同时动作，左掌下拉，插向身体右胯，同时小鱼际、小指、环指外翻滚裹带动身体右转，掌指插向地面。右掌从右耳侧滚裹上举，大鱼际、拇指、食指外翻，带动身体右转，掌指朝天。同时头向右转，目光从右腋下视向圆心。（图 230）

此时，重心前移，迈左步沿圈走转。至此指天插地单掰单扣换势完成。

图 230

二、指天插地双掰双扣换势

换势从仰掌十字手开始。（图 231）

图 231　　　　　　　　　　　　　　图 232

下一动，头向右转，十字手滚裹合抱胸前，右手大鱼际外翻，左手小鱼际内裹，向左移胯，重心移至左脚，开胯右脚大掰步，可以掰在圈上或向圆心大掰落于圈内。（图 232）

重心移至右脚，掩裆合胯，左脚经右脚向身后大扣步到原来左脚的位置。（图 233）

图 233

重心再移至左脚，开胯掰右脚顺落在圈上。（图 234）

图 234

图 235

重心移于右脚，左脚顺于圈上。（图 235）

此时，双掌同时动作，左掌下拉，插向身体右胯，同时小鱼际、小指、环指外翻滚裹带动身体右转，掌指插向地面。右掌从右耳侧滚裹上举，大鱼际、拇指、食指外翻，带动身体右转，掌指朝天。同时头向右转，目光从右腋下视向圆心。（图 236）

图 236

此时，重心前移，迈左步沿圈走转。至此指天插地双掰双扣换势完成。

三、指天插地行桩右转换左转

指天插地右转数十圈后准备换势，右脚在前。（图 237）

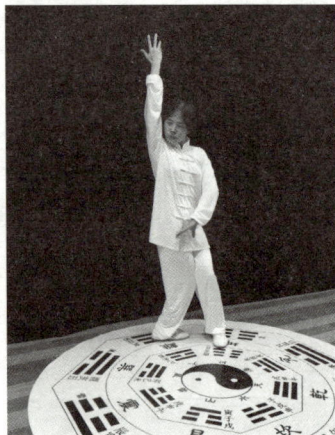

图 237　　　　　　　　　　　图 238

移胯上左步，左脚横扣于圈上右脚前，重心前移至左脚。（图 238）

下一动，右掌屈肘翻掌成俯掌下按至胸前继续向外翻滚，横于胸前，掌心朝外。左掌掌心向下变俯掌。同时，身体右转，提右脚外掰于圈上。（图 239）

重心移至右脚，左脚上步扣于圈上。同时，左掌屈肘上提，成俯掌穿向右腋下。身体继续右转，面朝圈外，成右式夹马桩叶底藏花。（图 240）

图 239　　　　　　　　　　　图 240

　　注意：指天插地行桩在走转的整个过程中，身体在头和两掌梢节的带领下向圆心滚裹，带动腰胯拧裹，从而带动步伐循圈拧旋走转。上下两手如弹簧相缚、相连，两手既要有指天插地之意，又要有相连对拉之意，上下一体，不可各行其是。上举一侧时不要因上举而耸肩，要仍有松肩坠肘之意念。下插一侧时不要因为下插入地而过分溜肩，两肩仍要基本持平，以防止中心扭曲不正。

　　再有，两臂及身体虽然在最大限度地滚裹，但是一定要紧而不僵，拔背畅胸。

【歌诀】

指天插地双立掌

叶底藏花掌上翻，扭转身形掰上圈；

内手上裹入云端，外手下插入九渊；

抻筋拔骨身滚裹，指天插地循圈转。

指天插地掰扣换式

扣步翻掌横胸前，梢节领带掰上圈；
下掌滚裹穿腋下，叶底藏花夹马连；
扭转身形掰上圈，内手上裹入云端；
外手下插入九渊，抻筋拔骨身滚裹；
指天插地循圈转。

第九式 青龙探爪单换掌

青龙探爪行桩走转又称推磨掌。青龙探爪是八卦掌最有代表性的经典掌势。青龙探爪的换势就是八卦掌八大母掌的第一掌势单换掌，而八卦掌几乎所有掌势都是由此变化而来，是历代各派八卦掌练习者都极为重视的一个掌势，被视为练习八卦掌必修的基础课，而青龙探爪行桩又是基础课的基本功，勤而习之必得八卦掌之妙。

青龙探爪走转身法要求同上，不再重复。下面从叶底藏花开始讲述。

一、叶底藏花换势青龙探爪单掰单扣

换势由左势夹马桩叶底藏花仰掌十字手开始。（图241）

下一动，眼随右手转，向左移胯，重心移至左脚，身体右转，右掌成仰掌，向身体右前方斜开，指尖与头同高，同时左掌成仰掌，随之到右腕内侧，目视右掌，成倚马问路。（图242）

图 241

图 242

下一步手脚同动，双掌以中指为轴滚裹向内翻掌，右掌向身体中线右侧前方 45° 方位，掌心吐力推出，掌心朝外，指尖朝上成竖掌，指尖与眉同高。同时左手翻掌拧裹向下、向前，掌心吐力推按，置于右肘下，指尖朝斜上方。

此动作有如在倚马问路时两掌手中托着一条湿毛巾，双掌内翻滚裹合力在拧干毛巾。两掌合力之中线对准鼻尖。

与此同时，右脚掰步落于圈上，成青龙探爪右式。（图 243）

图 243

此时，迈左步循圈走转，青龙探爪单掰单扣换势完成。

二、青龙探爪双掰双扣换势

换势从仰掌十字手开始。（图244）

图244

图245

下一动，头向右转，十字手滚裹合抱胸前，右手大鱼际外翻，左手小鱼际内裹，向左移胯，重心移至左脚，开胯右脚大掰步，同时右掌上穿在面前，掌指与眉同高，左掌背附于右腕出。右脚掰步可以掰在圈上或向圆心大掰落于圈内。（图245）

图246

重心移至右脚，掩裆合胯，左脚经右脚向身后大扣步到原来左脚的位置。（图246）

重心再移至左脚，开胯掰右脚顺落在圈上。（图247）

图 247

图 248

左脚上步扣于圈上。（图 248）

上右步的同时，双掌滚裹内旋外翻，右掌成竖掌，向身体右前方 45° 方位推出，指尖与眉同高。左掌同时拧裹向下，向前推按。双掌合力同时动作，右脚同时落在圈上。

至此，青龙探爪双掰双扣换势完成。（图 249）

图 249

三、青龙探爪右转换左转

青龙探爪右式循圈走转若干圈后准备换势时，掩裆合胯，左脚上步，在圈上横扣于右脚前，重心移至左脚。（图250）

图250　　　　　　　　图251

此时右脚和右手同时动作。右脚开胯外掰在身后圈上，同时右掌以中指为轴，屈臂内旋滚裹，在胸前横掌外撑，掌心朝外，与肩平高。注意要松肩坠肘。眼随手动，身体随手脚右转。（图251）

重心移至右脚，上左步，左脚扣于圈上，同时左手俯掌滚裹经胸前向右腋下穿出，成右叶底藏花势。（图252）

以下到左青龙探爪的动作和左叶底藏花到右青龙探爪的动作相同，唯方向相反，此不赘述。（图253）

图252　　　　　　　　图253

注意：初练青龙探爪行桩时不必强行向圈内圆心拧转，防止走僵。假以时日，身体可在双手梢节的带领下逐渐加大向圆心拧转的角度。双手梢节带领是指在成右势青龙探爪后，右掌以中指为轴，大鱼际、拇指、食指向前、向外滚裹，带动右臂、右肩、向圈内滚裹；左掌小鱼际、小指、环指外翻，带动左臂、左肩向圈内滚裹，两臂合力带动上体拧腰旋胯转向圆心。练习时量力而行，不可强求。另外，做青龙探爪掌势时两掌不要特意地掌根下坐，否则坐掌根腕节僵死，不利于转掌时气达四梢，也就是气会截在腕部。两臂及手掌、肘部呈自然弧形弯曲，肘不要出尖，腕不要出死角。另外两臂也不要伸得太直，以免梢节离身体太远，但梢节也不可离身体太近，远则失力，近则局促，并且离得太近，肘一定出尖，运转不灵。两臂伸出的长度处于黄金分割位较适宜，也就是手臂伸直由肩到指尖为 1，由肩算起，全长的 0.618 是双掌所在的位置。练习者可自行品悟。

【歌诀】

单换掌青龙探爪

叶底藏花掌上翻，扭转身形掰上圈；
倚马问路双掌翻，双臂滚裹合抱力；
掌心吐力守中线，青龙探爪循圈转。

青龙探爪掰扣换式

扣步翻掌横胸前，梢节领带掰上圈；
下掌滚裹穿腋下，叶底藏花夹马连；
扭转身形掰上圈，倚马问路双掌翻；
双臂滚裹合抱力，掌心吐力守中线；

青龙探爪循圈转。

第十式　金鸡抖翎摇身掌

金鸡抖翎不是行桩，而是作为练功收势的最后一个动作，也就是一个整理动作。金鸡抖翎犹如禽类或兽类动物在洗过澡以后浑身一抖，甩掉身上的水珠。

练习者做此动作时会感到五脏六腑也在腹内震颤运动，真气在体内激荡。该动作在收功时走三五次即可，做多了会感到不适。

金鸡抖翎同样也具有技击作用，尤其当被对方抱住时，金鸡抖翎是脱身的一种方法。

金鸡抖翎不是行桩，可在八卦掌练功结束时作为整理动作收功之用，可以接在任何掌势之后。下面从左式夹马桩叶底藏花开始讲解本动作。

左势夹马桩叶底藏花仰掌十字手。（图254）

重心左移，在圈上掰右脚。（图255）

图254　　　　　　　　　　　　　图255

身体右转，重心移至右脚，上左步，扣于圈上，面向圈内，成面向圆心的夹马桩十字手。（图256）

图256　　　　　　　　图257

下肢不动，左掌内翻，掌心朝下，扶于右腕之上。双掌同动，左掌以中指为轴，小鱼际外翻带动左臂向身体左侧滚裹外开，右臂以中指为轴，大鱼际外翻带动右臂向身体右侧滚裹外开。此时下肢不动，上体在双臂滚裹带动下向右拧转到极限位置。此时，以腰为轴，上体好似上满发条一般，处于滚裹状态。（图257）

下一动，双掌大小鱼际力点同时转换，右掌由大鱼际带领向外，转换为小鱼际带领向身体另一侧之身前，左掌变为大鱼际带领向身体另一侧转移。在双掌带领下，整个上体以腰为轴转向另一方。（图258）

在到达身体左侧后，此时右掌顺势由仰掌变为俯掌，此时双掌皆为俯掌，带动身体又向右侧反弹。（图259）

图 258

图 259

如此，在梢节双掌左右数次的带动下，整个上体以腰为轴产生左右共振，带动双掌有如鞭梢，在身体两侧震颤甩动数次停止。

此时，重心右移，左掌外翻，在圈上掰左脚。（图 260）

图 260

下一动，上右脚扣于圈上的同时，右掌向左腋下穿出，面朝圈外成夹马桩叶底藏花。（图261）

图 261

图 262

下一动，由叶底藏花走成右式单换掌走转（同前单换掌动作）。（图262）

可以走一圈或半圈后，由右式单换掌换势，到右叶底藏花。（图263）

图 263

至此再做反方向金鸡抖翎。如此可以重复数次收功。

注意： 金鸡抖翎摇身掌一般作为收功整理动作，可以使全身骨骼肌肉迅速放松，周身气血通畅，真气激荡，并使人体五脏六腑震颤，起到自行按摩的效果。

另外，整个金鸡抖翎动作过程，开始是由梢节手掌左右摆动，引动上体以腰为轴产生身体共振，身体共振又带动双掌有如鞭梢般摇动。这就譬如大树在被风吹动时，开始是树梢在随风摆动，随着风力加大，树梢带动树干开始摇晃，树干一旦晃起来，又带动树梢摆动。又如鸟洗澡后要抖掉羽毛上的水珠时，先支起翅膀扇动两下，随之整个身体浑身一颤，全身羽毛随之迅速抖动。练功者要慢慢品悟。

【歌诀】

金鸡抖翎

叶底藏花掌上翻，扭转身形掰上圈；
上步夹马十字手，双掌斜开至极限；
梢节领带回身转，枝干共振抖回还；
五脏六腑周身颤，金鸡抖翎身心安。

第六章

八卦掌行桩的养生作用

据研究表明，经常练习八卦掌能改善人体各系统功能，取得健身延年的效益。具体的功效可以从形、气、神三个层面进行阐述。

形、气、神三位一体的生命观首见于西汉早期的黄老道家典籍《淮南子》："夫形者，生之所也；气者，生之元也；神者，生之制也。"所谓"形""气""神"者，分别对应人体的形体、能量和意识信息，三位一体。

形的层面——力从根发

形体上有肉、筋、骨三个结构层次，八卦掌及诸多传统功法，在形体上的要求都是沉肩坠肘、虚灵顶劲、含胸拔背、吊裆裹臀、屈膝落胯，都着重锻炼腰腿。

拧转走圈时，首先将骨骼摆放在正确而自然的位置，虚灵顶劲，含胸拔背，吊裆裹臀，使脊柱呈双向拉伸状态，椎间隙被打开，有助于缓解椎间盘压力，对于颈肩腰疼痛的人，诸如椎间盘突出的患者，因椎间隙被上下拉伸，减少了局部压力，缓解椎间盘对神经的压迫，具有非常好的治疗效果。

站时周身肌肉放松，重心落入脚底，肌肉以最适宜的力量维持着形体的状态，不外加一力，经久练习，肌肉与筋膜的静态张力得以加强，骨骼代谢加快，对改善骨质疏松有一定的益处。另外，颈肩背处肌肉放松并呈内裹之劲，也可以起到拉伸颈背部肌肉、缓解疲劳的作用。屈膝落胯，曲腿趟泥，单摆浮搁，稳如坐轿，大大地锻炼了臀大肌与股四头肌力量，股四头肌是固定膝关节最为重要的肌肉之一，可使膝关节更加稳定。

从整体来讲，人身骨肉中有筋膜包裹着周身，如一张大网网罗全身肢节，这层筋膜各处张力均等，则人身安和，若因平素坐卧习惯不端正，或因外伤所致，某些筋膜局部或受牵拉，或形成痉挛状态，何处不正，则何处不适，或疼痛，或乏软无力。行拳时要求的滚钻挣裹这种整劲，既是要求练习人身这张筋膜的"网"处于整体伸开，或整体内缩状态，保持张力处处均匀，犹如弓箭。这也正与拳法中讲发力犹如弓箭射出相符。八卦走转时在运动中保持着这种时而伸展、时而内缩的运动状态，伸缩自如，亦不至于使筋膜肌肉长久保持一种状态而疲劳，能够有效地调节下半身的气血，从而使人体各系统的整体功能都得到改善。总之，八卦走转的习练对上肢的力量与耐力，以及下肢的力量、协调度和灵敏度等都有一定的良性调节作用。

气的层面——少火生气

气周行全身，亦属于神与形之间的媒介，对于机体的正常运作有着不可磨灭的重要作用，我们最能直接感受到的，当属呼吸时的空气。拳法中对于呼吸方法的描述有很多，如有说要强调腹式呼吸，又有说要呼吸以踵。虽方法不同，但都需要达到同一目的，即呼吸之气要更加深沉，所谓气沉丹田也。呼吸深沉，肺活量增大，胸腔充分展开，即可充分地使膈肌下移，位于膈肌以下的胃肠道、肝肾脏等被充分挤压，达到按摩内脏的作用；促进脏器血液循环，改善脏器功能；促进胃肠道蠕动，促进胆汁、胰酶等消化酶的分泌，达到缓解便秘、缓解消化不良等症的目的。另外的气，便是要在练习中慢慢体会，甚至包括体外的气机变化，此气极细、极精，需慢慢练习方能有所悟。行拳要求气机鼓荡，周流一身，外达四末，内接脏腑，使内外经络通达，无有滞涩。

　　另外，八卦走转最重要的特点之一是以下身为根，结合上身的变化，所谓"七星八卦自修身，奇经八脉通为真；练功导气圈中求，松静自然出于心"，使人体构成七星图形，有如北斗七星围绕北极星周而复始地旋转，古人认为北斗绕北极旋转是天地元气"一气周流"的运动，天道曰圆，因此八卦走转是与天道相应的修炼方法。道家认为"精从足底生"，锻炼两足可以促进精气周身充盈。一个人的健康长寿与两腿、两足有密切的关系，俗话也说："人老先由腿上见，步履维艰手杖添。"初生的小儿最爱活动两条腿，人一旦衰老也是从两腿开始的，因此多活动两腿、多走动对身体有极大的好处，所以有"百练不如一走""走为百练之祖"之说。据《美国预防杂志》载，腿部肌肉被列为最重要和最基本的肌肉。丹麦哥本哈根大学的一项研究也发现，无论老少，在"不活动"的两周内，腿部肌肉的力量都会减弱三分之一，相当于老化 20～30 年。人体"老化"首先从脚部开始，再向上发展，当脚和腿部健康时，常规的血液流动就会顺畅地进行，因此腿部肌肉发达的人会拥有更健康的心脏，所以腿和脚是老年人必须重视的问题。年轻人当然也会衰老，只有加强腿部锻炼，才能有效降低衰老的速度。因此，定期进行运动（如步行）对于人们的健康非常重要，尽管我们的脚、腿会随着时间而逐渐衰老，而锻炼腿部，即使在60岁以后或更大年龄，也永远不会太晚，一般建议每天至少步行30～40分钟以上，以确保腿部得到足够的锻炼，并确保腿部肌肉保持健康。

走转正是这样一种以步行为主要方式的八卦掌基础功法。在中医学看来，通过调动足底之精，练时强调气沉脚底，周身放松，行如趟泥，慢练快用，使"足底之精"化生成绵绵不绝之气，符合中医学"少火生气"之理，而剧烈的锻炼方法，则常常耗散人体正气。八卦走转能让正气充盈，此气周流全身，则可濡养脏腑经络，因此古有"安步当车久，人活九十九""朝夕百岁君须记，腰腿转动寿延年"的长寿之道。我国近代已故著名武术家杨禹延先生，依据终生体会谈过一句话："走为百拳之长。"杨老先生晚年以步代拳，九十高龄依然耳聪目明，步履矫健。这都是八卦走转善于从人体腿部的根节处调动精气、补气、养气、固气的功劳。

当然，八卦走转还锻炼了周身的经络系统，主要涉及经络系统中的正经与经筋系统。首先，它能够直接牵拉经络表面的经筋系统，而对经络系统的锻炼则是间接通过经筋系统来完成的。十二经筋是十二经脉之气濡养筋肉骨节的体系，是十二经脉的外周连属部分，经筋具有约束骨骼、屈伸关节、维持人体正常运动功能的作用，正如《素问·痿论》言："宗筋主束骨而利机关也。"十二经络的阳经和十二经筋的刚（阳）筋分布在上肢和下肢的外侧和背侧，十二经络的阴经和十二经筋的柔

（阴）筋分布在上肢和下肢的内侧和身体胸腹部。经络有方向而经筋没有方向。当我们向上拉伸阳经筋时，必然会同时作用于阳经而使阳气上升，反之，如果我们向下拉伸柔筋时也会同时对阴经产生作用而使阴气下降，如此经筋的阴阳循环锻炼了体内气脉的协调能力，内气也随之增强。此外，腰腹的左右旋转也是带脉的主要锻炼方法，因此对畅通带脉、提高带脉对全身经络的约束能力具有重要作用。八卦掌的拧旋走转称为"人体外在的阴阳"（即左旋为阳，右旋为阴），因此诱发而起的带脉旋转为"人体内在的阴阳（即左旋为阴，右旋为阳）"。在这左右旋转中，通过意守任、督两脉所行之处的肚脐、命门，使肚脐、命门之先后天之气，处在带脉"经气"横向流注之中，得带脉"精气"的温养，从而使肚脐、命门之先后天之气，在左右旋转意守中逐渐充实起来。

神的层面——练神导气

行拳要求神思收敛，以意导气，意到气到，气到力到，皆强调了神、意在行拳中的主导作用。《素问·上古天真论》中言"独立守神，肌肉若一""精神内守"，亦是此意，即要求神意集中，无营于外物，即使存在外界干扰，神意皆不受影响，久而久之，则人的专注力得以提升，亦可强化大脑中枢神经系统对外在肌肉骨骼的掌控能力。另外，对于焦虑、失眠等有神经官能症的人来说，常常训练神意收敛，可缓解焦虑、忧愁等不良情绪，更有助于睡眠、休息。神意内守，眼观鼻，鼻观口，口观心，这种向内寻求的观照练习方法，也是传练功法中别具特色的法门，长久的训练可以练出这种自觉的功夫。这种"觉"不仅是觉心，也觉身，随时发觉自己真实的心理状态、身体变化，对自我的这种觉知出现了，便更可以深入地了解自己，更好地与自己相处，在心情波动起伏，或不如意时更能提早发现并可以更加轻松地调整不良状态。练习不仅在练功时，在生活的行走坐卧中皆可练。请保持这种状态，与他人相处时保持着觉知，体会着人与人之间"场"的变化，把控人际交往关系。

定式行桩的养生功效

一、猛虎出山垂手掌

垂手掌要求双手下垂采气，逐渐在腹前环抱，最后将球分开在身体两侧。此在为习练掌式的第一步。

习练内家拳，皆需要收敛神气，精神内守，使精神专注，不受外物所动，与佛家中讲收摄六根、不迷外境相似，身心放空入静，先练习将意念放于一处，是入静重要法门。垂手掌对此最为有益。垂手掌习练习次第便是先以手领气，环抱守气，神气内守，最后练至亦有意、亦无意的化境状态。久久习练，精神得以涵养，内气随而自然充沛，精神饱满，做任何事都可更加专一集中，也为后续练习打下坚实基础。

垂手掌双手下垂合抱于人体脐下丹田附近，下丹田又称"经脉之根""两肾根"，下丹田"男子以藏精，女子以藏月水"。垂手掌将人体之气通过双手领聚于下丹田，有促进心肾相交的功效。中医学认为心属火，藏神；肾属水，藏精。两脏互相作用，互相制约，以维持正常的生理活动。肾中阳气上升，能温养心火；心火能制肾水泛滥而助阳气；肾水又能制心火，使不致过亢而益心阴。易学上也称这种关系为水火相济。

如果肾水不足，心火亢于上，不能下交于肾，可出现心悸怔忡、心烦、失眠多梦、五心烦热、眩晕耳鸣、腰膝酸软，或男子梦遗、女子梦交等症；若肾中阳气不足，不能温化肾中水液上济于心，则会导致畏寒、尿少、水肿、心悸、心慌等症，二者均是心肾不交的结果。垂手掌一方面要求虚静内守以使心火下行，即"清心火"；另一方面双腿不断运动以使肾水上济，即温肾水，是促进心肾相交非常有效的方法。（图264）

图 264

示范：孙晨耀（北京中医药大学博士，北京大学在站博士后）

二、丹凤朝阳斜开掌

斜开掌取丹凤朝阳之意，出自《诗经·大雅·卷阿》："凤凰鸣矣，于彼高冈。梧桐生矣，于彼朝阳。"丹，红色，丹凤指全身火红的鸾鸟，为凤凰的一种。丹凤朝阳在民间寓意为贤才遇明时。在八卦掌中，斜开掌练至臻境，浑身精气神合一，两掌相合，如凤凰振翅，意志高昂，意欲迎敌。斜开掌腿部走转的动作与其他定式基本一致，在两腿自然屈蹲、沿圈走转的同时，两手一内一外，一高一低，一斜向上，一斜向下，总体可看作丹凤振翅、朝阳欲飞的姿态。

斜开掌的上肢运动基本涵盖了上肢关节的主要运动模式。如肩关节外展内收、肘关节屈曲等，能够很好地锻炼到肩、肘、腕关节，对于保证关节的正常活动度，避免"五十肩""网球肘"等肩、肘、腕疾病具有一定的作用。其上身虽为定式，但在紧而不僵、松而不弛的要求下，随着走转，上身细微的震动可以促进血液循环，从而濡养周身，改善细胞的新陈代谢，健身益寿。

从气而论，气的运动有升降出入等形式，此式相较于其他掌式，对气机的调节最为全面。里侧手斜向上指天，外侧手斜向下指地，意念想象上托球与下浮球，暗合气机升降之道。里侧手外展，外侧手稍内收，一攻一守，一张一弛，暗合气机出入之理。升降出入，则人与天地相通，与万物相感，自然能沉心静气，志意精进。久练便可调节情绪，既可调节焦虑，使心神放松，与天地相参；又可扶正，使人振奋阳气，重拾乐观自信。习练此式时，要求手掌微热，通过梢节带领的意念，里侧手外旋，外侧手内旋，使里侧手的手太阴肺经、外侧手的手少阴心经得以贯通，从而很好地调整人的心肺功能。心主血脉，色赤，属火，与南方朱雀相通，正与丹凤朝阳命名相应。肺主气，朝百脉，通调水道。在中医学观念中，人的饮食水谷入胃，化为水谷精微后，经脾的运化，上归于心肝，水谷精微奉心化赤而为血，肝藏血以调节疏泄气机。而后经肺的宣发肃降以广布周身。心肺二经得通，则心肺二脏得安，从而血气充足、调畅，自然可以祛病长生。因此，通过习练斜开掌，可以预防循环系统、呼吸系统疾病，对慢性心肺疾病也有一定的调节作用。（图265）

图 265
示范：刘子彰（北京中医药大学硕士，河北大学教师）

三、大鹏展翅托天掌

　　托天掌要求双臂向身体两侧伸展，双掌向上，意念如双掌托天，同时要求双臂放松，犹如挂在躯干上，久之练出双臂沉劲，极大地锻炼了肩臂肌肉的力量。双臂外展，双掌托天的意念更使意识达于天际，双臂将天裹托起来，使得双肩胛骨向外开展，前胸自然向外舒展开来，尤其有益于胸中气机舒展，增加了胸廓空间、起伏程度与膈肌运动幅度，并间接促进了肠道蠕动。久练能

图 266
示范：王振东（北京中医药大学博士，
北京市鼓楼中医医院医生）

充实气血，让人体脏腑强盛，正气充沛，人身之气通利流畅，病不易生。（图266）

四、猿猴献桃双托掌

双托掌为定式八掌之一，因其形似猿猴献桃之象，故名。该式通过双手臂的拨云见日、内收与前探，锻炼了肩关节的灵活性；该式通过手臂、胸部的开合活动了小臂、脊柱、胸廓等处的肌肉、韧带和骨连接。该式最大的特点是将肩胛骨之间的肌肉韧带拉平，后背浑圆一体，其相合的手臂也对肺脏有一定的挤压按摩作用，有助于调节练习者的胸肺功能。此外，双手相合，前探献桃，前挣后撑，手与后腰处于对角线上对拉，自然就绷圆了后背的督脉，同时也使身前之任脉虚含。任脉虚含利于阴气下降，后背督脉挣圆顺应阳气上升，十分符合任督气脉的运行模式，同时以双掌立于眉前，也可引导一身之清气上升。中医学认为督脉为病，"脊强反折"；任脉为病，"男子内结七疝"，"女子带下瘕聚"。故长期习练该式可以使胸椎保持正常的生理曲度，预防胸椎小关节紊乱及疝气、子宫肌瘤等疾患。双手仰掌相合上举，掌指插向对方咽喉，中指所在位置有最明显的张力，气血必多聚于此，所以着重锻炼了手臂中间的心包经和三焦经。中医学认为心包、三焦主相火，相火与君火，一在地一在天，相火为地下的龙雷之火，所以调节三焦经、心包经可激发人体的龙雷之火升腾。该掌式与垂手掌，一者手心向上促使下焦的精气蒸腾，另一者手心朝上使三焦心肺的阳气宣发，可以作为一对掌式习练。另外，双托掌习练姿势中正厚重对称，不似单换掌、双抱掌等有边倾之势，故对五行属土的人体结构有一定的保

健作用。何以言之，因为土是
最中正、中庸的五行。中医学
认为脾土在体合肉、其华在唇、
在腑为胃等，长期习练该式能
够使肌肉饱满合一，有效地调
节脾胃的功能，对倦怠乏力、
大便溏薄等脾虚症状有一定的
调理作用。（图 267）

五、黑熊反背阴阳掌

　　阴阳掌的动作要点是要求两
臂滚裹，前后对挣，在双掌上切
下捋时，意念要感觉双掌两臂间

图 267
示范：王德辰（北京中医药大学博士，
中医药大学助理研究员）

有皮条拉着，感觉对拉有阻力，形成前后对抻的状态，并且在
转掌过程中两臂、两掌始终要保持挣劲状态，走出两掌对撑的
劲路。阴阳掌，从骨骼肌肉方面讲，一手臂上抬，手掌抬至额前，
掌心向外，另一手臂向后下方撑蹋，手掌在胯旁，注意松肩坠肘，
如此持续走转可锻炼肩部肌肉（包括三角肌、肩胛下肌、冈上肌、
冈下肌等）、上臂肌群（包括肱二头肌、肱三头肌等）、前臂
肌群（包括浅层的肱桡肌、旋前圆肌、桡侧腕屈肌、掌长肌等）、
斜方肌，以及腰部的肌肉力量，通过锻炼可以使这些肌群紧贴
覆盖在脊柱上，保持脊椎的竖直，更好地稳定躯干。从经络循
行方面讲，着重调节的经脉包括手太阴肺经、手太阳小肠经和
带脉。在走转过程中我们要把上抬手的意念聚集在大拇指的鱼
际处，感觉大鱼际在向外滚裹，力发于梢而带根，通过大鱼际
的向外滚裹，感觉整个身体在向圆心旋转。大鱼际为手太阴肺

经所行之处。《灵枢·经脉》中曰："肺手太阴之脉，起于中焦，下络大肠，还循胃口，上膈属肺，从肺系横出腋下，下循臑内，行少阴心主之前，下肘中，循臂内上骨下廉，入寸口，上鱼，循鱼际，出大指之端；其支者，从腕后直出次指内廉出其端。"另外一只手，坐于胯旁，意念落在小鱼际上面，小鱼际向上、向内滚裹，与外手形成滚裹的合力，使身体自然而然拧向圆心。

小鱼际外侧为手太阳小肠经所过之处，《黄帝内经·灵枢》中载："小肠手太阳之脉，起于小指之端，循手外侧上腕，出踝中，直上循臂骨下廉，出肘内侧两骨之间，上循臑外后廉，出肩解，绕肩胛，交肩上，入缺盆，络心，循咽，下膈，抵胃，属小肠。其支者，从缺盆循颈，上颊，至目锐眦，却入耳中。其支者，别颊上䪼，抵鼻，至目内眦，斜络于颧。"在走转过程中，因为腿还需要保持里直外扣，所以关键就落在腰中带脉上，《难经·二十八难》曰："带脉者，起于季胁，回身一周。"修习中注意气不要截在腰中。因此，通过练习此掌可以促进经络气血的运行，缓解头、颈、项、肩背部的疼痛不适等。（图268）

图 268
示范：李婷婷（北京中医药大学博士，房山区中医医院主治医生）

六、推山入海双撞掌

双撞掌要求双臂与背部之间犹如放置一圆气球，因双手掌连带双臂均滚裹外翻，形成圆撑之势，进而练出弹簧劲，从形上可锻炼双臂、后背的经筋，习练过程中，可能出现双臂内侧、肩背部酸痛，均为手少阴、手厥阴、手太阴、督脉、足太阳膀胱经所过之处。随功夫加深，酸痛自消，觉双臂轻劲有力，后背部温热舒适。坚持锻炼，可调节心肺功能。此外，双撞掌除了能对胸背部、上肢进行锻炼，亦是锻炼腰腹部、下丹田的重要式子。因双上肢与背部圆撑自然会带动腹部微收、命门后突，可锻炼周身整劲儿。命门后突可使上身之气、力下沉至腿、足。"命意源头在腰隙，有不得力，必由腰腿求之也。"中医学认为，腰腿和肾密切相关，《素问·脉要精微论》记载"腰者肾之府，转摇不能，肾将惫矣"，《诸病源候论》有"肾主腰脚"一说，即腰以下部位均为肾所主，腰腿疾患，如腰椎间盘突出症、腰肌劳损、骨关节炎、足跟痛等肝肾不足导致的疾病，可通过习练双撞掌达到疗愈目的。尤其是中老年人，多出现上实下虚、上热下寒之证，表现为眩晕、耳鸣、口腔溃疡、心烦急躁、腰膝酸软、腿凉等，习此可起引气归原、阴平阳秘之功，但需做到沉肩坠肘等基本的身形要求。孙禄堂前辈在《拳意述真》中明言习拳有"三害九要"，其中"三害者，拙力、努气、挺胸提腹"。如若各处身形不得要领，"用于健身则伤身、败气，及至运用则僵硬、呆滞"。双撞掌练不得法，导致气机瘀滞，可出现胸闷、憋气、心悸、腰痛等不适。（图269）

图 269
付伟（北京中医药大学硕士，北京市门头沟区中医医院主治医生）

七、狮子张口双合掌

双合掌的动作要点是要求两掌掌心劳宫穴相对，十指意念相连，感觉两掌间有一无形之球，换势过程即是揉球的过程。双合掌尤其重视意念，意念不到则形散。从骨骼肌肉方面讲，两手臂抱球后同时向外、向上、向右做云手动作，停于右侧身前。此运动轨迹有前臂、上臂、肩胛骨、锁骨的参与，可以锻炼到肩部肌肉，包括三角肌、肩胛下肌、冈上肌、冈下肌、小圆肌和大圆肌，可以保持肩关节的灵活性，预防肩周炎；还可以锻炼到上臂屈肌群（肱二头肌、肱三头肌）、前臂肌前群（浅层有肱桡肌、旋前圆肌、桡侧腕屈肌、掌长肌和尺侧腕伸肌；中层有浅屈肌；深层有拇长屈肌、指深层肌、旋前方肌）、前臂肌后群（浅层有桡侧腕长伸肌、桡侧腕短伸肌、指总伸肌、小指固有伸肌和尺侧腕伸肌；深层肌有旋后肌、拇长展肌、拇短伸肌、拇长伸肌和食指固有伸肌）。此外，手部的肌肉也可以起到锻炼作用，保持关节屈伸的灵活性。从经络循行方面讲，双合掌对手三阴和手三阳经均有促进气血循行的作用。手三阴经包括手太阴肺经、手厥阴心包经、手少阴心经。《灵枢·经脉》中曰："肺手太阴之脉，起于中焦，下络大肠，还循胃口，上膈属肺，从肺系横出腋下，下循臑内，行少阴心主之前，下肘中，循臂内上骨下廉，入寸口，上鱼，循鱼际，出大指之端。其支者，从腕后直出次指内廉，出其端。""心主手厥阴心包络之脉，起于胸中，出属心包络，下膈，历络三焦。其支者，循胸出胁，下腋三寸，上抵腋下，循臑内，行太阴、少阴之间，入肘中，下臂，行两筋之间，入掌中，循中指，出其端。其支者，别掌中，循小指次指，出其端。""心手少阴之脉，起于心中，出属心系，下膈，络小肠。其支者，从心系，上夹咽，系目系。其直者，复从心系，却上肺，下出腋下，下循臑内后廉，行太阴、心主之后，下肘内，循臂内后廉，抵掌后锐骨之端，入掌内后廉，循小指之内，出其端。"走转中，里手以中指为轴，拇指、大鱼际外翻拧裹，带动腰胯转向圆心，中指是手厥阴心包经所过之处，拇指、大鱼际为手太阴肺经所过之处，通过外翻拧裹，以手太阴肺经为首，手厥阴心包经为中轴，带动手少阴心经的运动。手三阳经包括手阳明大肠经、手少阳三焦经、手少阳小肠经。《灵枢·经脉》中曰："大肠手阳明之脉，起于大指次指之端，循指上廉，出合谷两骨之间，上入两筋之中，循臂上廉，入肘外廉，上臑外前廉，上肩，出髃骨之前廉，上出于柱骨之会上，下入缺盆，络肺，下膈，属大肠。其支者，从缺盆上颈贯颊，入下齿中，还出挟口，交人中，左之右，右之左，上挟鼻孔。""三焦手少阳之脉，起于小指次指之端，上出两指之间，循手表腕，出臂外两骨之间，上贯肘，循臑外上肩，而交出足少阳之后，入缺盆，布膻中，散落心包，下膈，遍属三焦。其支者，从膻中，上出缺盆，上项，系耳后，直上出耳上角，以屈下颊至𬇙。其支者，从耳后入耳中，出走耳前，过客主人，前交颊，至目锐眦。""小肠手太阳之脉，起于小指之端，循手外侧上腕，出踝中，直上循臂骨下廉，出肘内侧两骨之间，上循臑外后廉，出肩解，绕肩胛，交肩上，入缺盆，络心，循咽，下膈，抵胃，属小肠。其支者，从缺盆循颈，上颊，至目锐眦，却入耳中。其支者，别颊上𬇙，抵鼻，至目内眦（斜络于颧）。"外手以中指为轴，小鱼际、小指、环指外翻拧裹带动腰胯转向圆心。外手主要是以手太阳小肠经为首，以手少阳三焦经为中轴，带动手阳明大肠经。此外，两手掌掌心和指尖相对，使得手三阴经和三阳经

顺利交接，有利于气血的循行。（图270）

图 270

八、指天插地双立掌

双立掌要求一手在上指天，意念直冲九天，一手在下指地，意念入地三尺。较其他动作而言，双立掌有更明显的拧裹钻翻之态，抻筋拔骨作用明显。上手上举过头，对于肩背部肌肉要求更高，可极大地锻炼大臂肌肉力量，并极大地抻拉腰背及胁肋部。指天插地对脊柱也起到了上下牵引的作用，整个脊柱随着意念拉伸，拉伸开后促进脊柱的气血通畅，一些脊柱相关的疾病能够得到有效缓解，如小关节功能紊乱、落枕、岔气、闪腰等。脊柱在人体后背正中，是中医督脉所过之处，指天插地，督脉通畅，督脉相关的疾病都能得到一定的改善。督脉起于小腹内胞宫，体表出曲骨穴，向下过会阴部，向后行于腰背正中至尾骶部的长强穴，沿人体后背上行，经项后部至风府穴，进入脑内，沿头部正中线，上行至颠顶百会穴，经前额下行鼻柱至鼻尖的素髎穴，过人中，至上齿正中的龈交穴。督脉病就会虚寒怕冷、手足不温、疲劳乏力，发生颈椎痛、腰椎痛、痔疮、便秘。指天插地对这些问题都有一定的防治作用。（图271）

九、青龙探爪单换掌

青龙探爪是八卦掌技击的预备势，同时也是单换掌中的重要定式。其上半身形成双掌一前一后似青龙向前探爪、意欲进攻之势，两掌

图 271
示范：赖敏强
（北京中医药大学硕士，慈方中医馆主治医师）

上下相合护住面门及胸腹要害，具有"合胸抬肩立臂"的上身动作要领，有效地锻炼了肩部、胸部、大小臂的肌肉、韧带和骨骼，使血液供应更为充沛，对发展肩臂的力量与耐力有一定的益处。另外，换势时手臂的拧转，又得到伸屈、旋内、旋外的运动锻炼，有助于提高和保持关节的运动幅度。而且该式两手臂之间有如拧毛巾一般的拧裹力，使得两侧的心经和小肠经均有明显的对拉劲，特别是位于掌外缘的心经有明显的张力，气血必多聚于此。因此，单换掌着重锻炼了五行属火的心经和小肠经。另外，在走转后期面向圆心之后，单换掌的上身动作（主要是外臂）连带牵拉了位于身体外侧的胆经经筋。经络学说认为胆的五行属木，而单换掌在命名方面也取属木的灵兽青龙之象。古人命名多有依据，或许

正是单换掌在形态上的这种特点使得古人有此类象的考虑：一来确实锻炼了五行属木的脏腑经络，二来从形象上看该式有青龙舞爪的刚健之态。因此，笔者认为单换掌一式主要导引了属木的胆经和属火的心经，首先对肝胆系统有较好的调整作用，长时间锻炼对眼睛、筋、爪甲等五行属木的人体结构均有一定的保健作用，如肝在体合筋，其华在爪（包含指甲和趾甲），故有"爪为筋之余"之说，肝血充盈，筋得所养，肢体末端的手指气血也随之充足，爪甲变得光亮，活动能力增强。根据这一原理，通过"龙爪"手形的锻炼，注意活动手指，可以促进肢体末端气血的运行，对肝脏的功能具有相应的良性调节作用。（图 272）

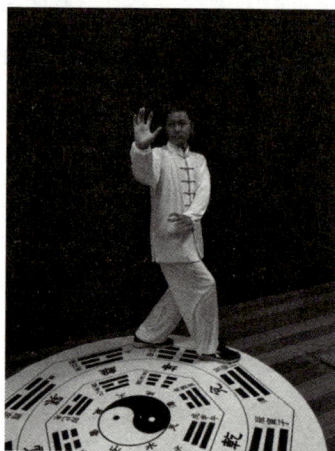

图 272

十、金鸡抖翎

金鸡抖翎动作作为最后的收势动作，要求如禽类动物洗澡后周身激灵一抖，身体整体皮肉、筋、脉、骨及内在脏腑产生同频率的振动，犹如橡皮条拧紧至极限后的完全释放。这种紧张后的完全松散对于周身肌肉的放松皆有重要作用，同时也促进了内在脏腑的活动，有着其他动作达不到的效果。这种周身同频的振动可有效促进身体内外郁结的释放，对内在脏腑起到按摩作用，极大地促进了周身气血的流动，对于缓解紧张大有益处。（图273）

图 273

附　录

铁恩方先生《八卦掌健身研修心得》

（作于戊寅，时年 85 岁）

身心修养走当先，四正四隅八步圈。
里直外扣舒膝胯，平起平落中空涵。
凝视前方平落处，双臂环抱踏脐前。
左转右兮右转左，上下与中平三盘。
三盘旋转气为宗，周身环节须放松。
应将有相能无相，阴阳变化自然中。
中正安舒和定意，道悟德培妙峰登。
祛病延年微渺果，明心见性智慧融。

【铁恩方先生弟子昌根福释义】

身心修养走当先：八卦掌修真养性，炼神导气，走转为修炼筑基的第一要诀。八卦掌指树为艺，腿为根节，根深叶茂，本固枝荣，走转是固本最重要的方式方法。

四正四隅八步圈：乾坎艮震，巽离坤兑，四正四隅八步环形旋转。这是人体小磁场在宇宙大磁场中旋转，导线切割磁力线，有利于产生场势能，练功者更容易聚集能量，产生得气感。

里直外扣舒膝胯：走转中里脚要迈步直行，外脚要扣，膝胯要放松舒展。要靠外脚的扣步旋转而不能靠里脚掰步，才能磨腿蹭胫，掩裆合胯，中心不散。

平起平落中空涵：即走转中身体要平，要保持一定高度，不能忽高忽低上下起伏。迈步前行脚要平起平落，只有平起平落才能松开踝关节移胯前行。足心要涵空才能悬起涌泉穴，接通地气。

凝视前方平落处：凝者，聚集也。眼为神之苗，走转中凝神静气，目光内敛，收视垂帘，精神内守，平视前方。对外界干扰视而不见，充耳不闻，目不旁视，神不外溢，意不旁驰。

双臂环抱踏脐前：即两臂环抱在身前神阙穴。神阙穴为任脉上的阳穴，命门穴为督脉上的阳穴，环抱神阙穴可连接命门穴，前后相连，阴阳和合，启动人体胎息，含胸拔背，气贴脊。神阙穴是人体生命最隐秘、关键的要害穴窍，是先天真息的唯一潜藏部位，是人体的长寿大穴。

左转右兮右转左：八卦掌走转，左右一定要平衡，即左右走转的圈数或时间一定要一样。左右均衡，阴阳互为，在动态中求得身体内外感知运行的平衡。

上下与中平三盘：平者，不偏颇，抑制也。八卦掌分上中下三盘，练功要循序渐进，不可操之过急，否则欲速则不达，伤身害体，不可不察。

三盘旋转气为宗：八卦掌走转以意领气。在练功过程中要心意合一，外气内收，内气不扬。采天地日月五行精华之炁，炼先天本元之真气，炼精化气，久之周身真气弥漫充盈，力自气生，功力自长。

周身环节须放松：在练功过程中身心内外皆需放松。注意是松，不是怂。不能因松而懈，因松而散。要在保持身体各部练功要领的基础上去松。只有周身放松，才能保证真气在体内运行无阻，行气如九曲珠，川流不息，流畅鼓荡。

应将有相能无相：在练功中初时有相，需要按照身体各部位的要领逐一去体会感悟，即所谓往身上"找功夫"。待要领逐一上身形成自然后，自然会忘却要领，渐渐达到无相境界，至此才能真正地进入定而静、静而安、安而虑、虑而后得的无所有而无所不有的妙有阶段。

阴阳变化自然中：至此，身体内外，包括脏腑津液、气血的运行和筋骨、四肢百骸的运动，一切内外变化都会合乎人体运动规律，合乎阴阳天道自然。

中正安舒和定意：练功中先要调心，心定则意正，意正则神安，神安则体舒，体舒则中和，不偏不倚，不凸不凹，力不出尖，形不破体，内外三合，身心中正意定，方可八面支撑。

道悟德培妙峰登：八卦掌练功是一个悟道的过程，也就是要师法自然，探求真谛。这是悟天地大法，修身心本元，进而陶冶培养高尚的道德情操，达到修养身心性命的极高境界。

祛病延年微渺果：修炼此法，祛病延年只是很小的一部分成果，但其确实可以有使人长寿的效果。铁老修炼八卦掌八十余载，寿享98周岁高龄，按照中国传统已经是百岁老人，就是最好的明证。

明心见性智慧融：即物有本末，事有终始，心明眼亮，知所先后，先知不迷，后知不惑，拨云见日，明辨是非。这是要求我们能正确地认识主观世界和正确对待客观世界，不为外物纷而扰之，看清事物的本质而修炼成大仁、大智、大勇、大智慧的大德之人。

铁恩方先生《八卦掌养生行功歌》

（作于辛巳年，时年 **88** 岁）

简易松无缓，环行神意凝；
气聚身沉抱，智觉妙感通；
离名空相寂，一巧任从容；
师教圆明悟，久转功自成；
久转功成中，接手找劲听；
静如秤准立，动内吸呼济；
虚涵双重避，卸化顺连续；
实舍己从人，势如从心欲。

【铁恩方先生弟子昌根福释义】

简易松无缓：指练功中要繁中求简，抓住要点。难求易，先易后难，循序渐进。紧求松，松紧紧松，阴阳互为。有求无，无所有，无所不有，空有一如。急求缓，指要慢练功夫上身方可快用。

环行神意凝：八卦掌环形走转要凝神静气，神为主宰，不求形骸似，但求神意足。

气聚身沉抱：气足则神旺，神旺则气聚，身心内气充盈，真气护体。内外六合，上下一如，内外一如，周身松沉合抱为一。

智觉妙感通：如是通体上下会产生一种通畅、舒适、轻快、顺遂乃至愉悦的感觉。

离名空相寂：指心无挂碍，名利皆空，有相无相尽皆陨灭归于寂静虚无，身心无有羁绊束缚。

一巧任从容：此处所讲，身体回归于先天自然，由有到无，循环往复，此无非彼无，此有非彼有，身心一如，机巧一如，一生二，二生三，三生万物，至此又万法归一，得其一，万事毕，无形无相，泰然从容。

师教圆明悟：师父教导要圆空法生，明心见性，学功者要品悟真谛，自修领悟，也就是"师父领进门，修行靠个人"。

久转功自成：八卦掌修炼无他，刘世魁先师言："八卦神拳年少喜，九转功成数乾坤。"只有持之以恒，长期走转才能日有所得，修得真功。

久转功成中：此接上句，八卦掌九转功成，是日积月累集聚能量、积聚功力于自身的过程，是修炼知己的功夫。

接手找劲听：在修得一定知己功夫的基础上，开始接手，训练知人的功夫。用自己的神意气感察对方的神意气，包括力道、力点、共力点、重心、中心，是用知觉、感觉来听察对方。

静如秤准立：训练听劲，身体有如秤准，四面八方均衡，身体中正，静静地把自己"搁"在地上。这是一种极其自然安静地把自己放在那里的状态，不蹬不踹，充分调整自身的均衡松静，才能敏锐地察觉对方的细微动态。

动内吸呼济："济"指一个接一个的吸呼，注意是吸呼不是呼吸。吸为收，呼为放。要训练内动，要做到外动内静，外静内动。

虚涵双重避：就是身体要通过涵养练成空中旗、水中鱼，让对手摸不到、捏不着、碰不到你的重心、你的中心、你的力点。

避免和对方你推我挡、你拉我拽，用生搬硬扛的蛮力相较。

卸化顺连续：卸化顺是三个动作，但也是一个动作。对方来手、来力进攻，我皮接皮闪，接皮不接骨，顺势而为，卸、化、顺、发，一气呵成。这是在一个接一个的卸化顺中得机而发。要点是借你的劲，找自身的劲。

实舍己从人：此句所讲接上句。卸化顺是不顶不抗，不堵不撞，是舍己从人，顺势而为。

势如从心欲：此句讲势者姿势动作。如者，顺从也，指我的所有动作都是听从我内心指挥而为的，不管是卸、化、顺、击打、发放，都是根据对方进攻的姿态变化，而我从心底的瞬间感觉产生出来的，是不拘一格，由心而发的自然应对策略和方法。这种方法与心意相通，自然顺遂，不迟不滞，从心所欲，恰到好处。

铁恩方先生《论八卦掌健身》

祖师爷董海川以其多年寻师访友修炼的诸家传统的精湛武术功法，贯以九华山长老授以炼神导气之功理，创立了八卦掌式，遗利后人。我十五岁时，幸经徐明德师伯启蒙开始习练八卦掌，于十七岁时，又经引介入门，拜恩师刘世魁为八卦掌程系第五代门生。长期以来，为了身心健康，我勤学不辍，并时以其理法，参研儒、释、道、医、武、周易等诸家经典论述，悟其要领，谋与八卦掌法相融会而进行研修，从而使我现年八十有二能获得身体强健、无任何疾病的效益。

通过实践，使我认识到八卦掌法的功效，正是我中华民族千百年来传统修身文化的具体体现。诸家皆专于"修真养性"，乃指性命之养端赖本真之修。本真耗散，百病俱生。本真乃人之元精、元气、元神。三者相为倚伏，循环相生。气亏则精竭，精竭则气亦不生而神与之俱衰。神怡而气自畅，气畅而精自足，精足而气与神日旺。修真之要，实为人生之生死关键。人之先天本真，初生具备，后天不修，乃所寂灭。八卦转掌正是后天修真之功。察其走转之中，眼时不离手。眼乃神之苗，如是而视，则神静气收，神怡气畅，自收练神导气之功。再人之有足，犹如树之有根，根竭则树枯。八卦掌之走转，足须平起平落，轻拿轻放，使足轻气充而躯肌舒松，乃可延缓人之衰老，奏益寿延年之效。健身之道，舍此安求。

人皆关心生命。盖人之成长和存在是生；人之存在作用及价值是命。忆董老祖师四句留言，即达生命之旨。首句"海福寿山永"，意心胸广阔似海，无所不可容纳；气魄如山，刚健沉着，坚定稳重，永不动摇，是所言"生"。次句"强毅定国基"，意忠贞效国，无私奉献。再句"昌明光大陆"，意见义勇为，维护社会，所指是"命"。末句"道德建无极"，意悟道培德，修造化自然之果。综上所述，八卦神掌之功，实为养生立命之体。福寿从之而得享。

求功自当心切，急欲求成。恩师刘世魁亦留有字："八卦神掌年少喜，九转功成数乾坤。"指明功成来自久转。正是艺无止境，贵在坚持，永不自满，乃有所成。功成则能运转乾坤。按《易经》讲，乾纯阳象天，坤纯阴象地，有天地然后万物生。八卦掌的单换、双换二掌式，可喻为乾坤，以持久走转单、双二换掌式为基，其他诸多变式皆可从之而出，且刚柔动静咸宜。自卫技击之术，亦可随心所欲而展现。

　　通过持久走转，使我每当在走转之中，总自然地觉得，我的身步越走越松舒，我的头脑越来越清静，神志不由得入于恍惚迷离的情境，并且欲罢走转而不能的状态。从求功意识来看，我认为这正是动中得静、静中生动的情况。从健身的角度来看，这正是中医学所言"恬淡虚无，真气从之，精神内守，病安从来"的那样势态。久而久之，这样情态不仅在走转中如是，在不练时亦如是。将此贯穿于日常行、住、坐、卧、生活之中，不练自练，不养自养，则可心平气和，神不妄动，邪不能犯，病无从生。乐寿晚年之福，由之而享矣！

　　经久习练，受益匪浅，言及真功，微不足道，稍有心得，简摘于后，歌曰："八卦神掌走当先，上下与中分三盘；三盘旋转气为宗，周身环节要放松；须将有相求无相，阴阳变换自然中；道悟德培无极建，明心见性智慧融。"八卦掌的突出特点是"走"当先，呼吸自然，收腹含胸。三分练七分遛。要掩裆扣步，足心涵空，不蹬不踹，平摆浮搁，步履轻慢，如履薄冰。这是扼要地说"走"。至于三盘高低之分，也要依据身体内在本能的功能量而从容舒适地展现，不可超负强求，以致气滞不畅。所操变换能自然地恰到好处。心之所思，顺乎自然；身之所行，本乎当然。则性命双修，无往不利。八卦掌健身入门之窍，如此而已。本人学疏功浅，冒昧赘述，谨表情怀，敬希指教。

铁恩方
一九九五年秋初于北京
应邀写给第二届国际八卦掌联谊会

董海川先生小传与碑铭

董海川先生小传

董海川先生，顺天（今河北省）文安县朱家坞人。喜习武术，尝涉迹江皖间，遇异人传授。居三年，拳术、剑术及各器械无不造其极，归后入睿王府当差。人多知其有奇技异能，投为门下受教者络绎不绝。所教拳术称为八卦，其式形皆是河图、洛书之数，其道体，俱是先天后天之理，其用法，乃八八六十四卦之变化而无穷。一部易理，先生方寸之间，体之无遗。是以先生行止坐卧、动作之际，其变化之神妙，非常人所能测也。居尝跏趺静坐，值夏日大雨，墙忽倾倒，时先生趺坐于坑，贴近此堵。先生并未开目，弟子在侧者，见墙倒之时，急注视先生忽不见，而先生已趺坐于他处之椅上，身上未着点尘。先生又尝昼寝，时值深秋，弟子以被覆之，轻轻覆于先生身，不意被覆于床，存者仅床与被，而先生不见矣，惊而返顾，则先生端坐于临窗之一椅，谓其人曰："何不言耶，使我一惊。"盖先生之灵机至是，已臻不见不闻，即可知觉之境，故临不测之险，其变化之神妙有如此者。

《中庸》云："至城之道，可以前知。"即此义也，年八十余岁端坐而逝。弟子尹福、程廷华等，葬于东直门外榛椒树东北红桥大道旁。诸门弟子建碑，以志其行焉。

董海川先生碑铭

董海川先生墓碑原立在北京东直门外小牛坊村红桥大道旁（即现在的柳芳南里小区西北处）。立碑时间是光绪九年（1883年），即董海川去世的第二年。1982年迁移到京西万安公墓时又立一块墓碑。

董先生志铭（光绪九年碑铭）

先生姓董，讳海川，世居文安城南朱家坞。少任豪侠，不治生产。法郭解之为，济困扶危，不遗余力。性好田猎，日骋于茂林之间，群兽为之辟易。及长，遍游四方，乃过吴越巴蜀，举凡名山大川，无不应临搜奇，以壮其襟怀。后遇黄冠，授以武术，遂精拳勇。不意中年蹈司马公之故辙，竟充宦官。先生疾恶如仇，时露英气，同人即起猜疑，改隶肃邸。因老乞骸，始得寓外舍。请艺者自通显以至士贾与达官等几及千人，各授一艺。尝游塞外，令数人各持利器，环而击之，先生四面迎拒，捷如旋风，观者群雄，无不称为神勇，惮其丰采。及至弥留之际，从人启其手足，诚如铁汉。越三日端坐而逝，意者以为羽化。都中门人服缟素者百余人。因茔葬于东直门外，距城里许。哀痛难忘，议立表识，以伸响往之忱！

——光绪九年春二月立石

尹福、马维祺、史继栋、程廷华、宋长荣、孙天章、刘登科、焦毓隆、谷毓山、马存志、张均、秦玉宽、刘殿甲、吕成德、安分、夏明德、耿永山、魏吉祥、锡章、王辛盛、王怀清、沈长寿、王德义、宋紫云、宋永祥、李万友、樊志涌、宋龙海、王永泰、彭连贵、付振海、王鸿宾、谷步云、陈春林、王延桔、双福、李长盛、徐兆祥、刘宝贞、梁振圃、张英山、郭玉亭、赵云祥、张全奎、焦春芳、刘凤春、司元功、张铎、清山、何五、何六、郭通海、徐鹤年、冯濂、李寿年、陈泮

小门生：张逸民、马贵、杨峻峰、刘金印、文志、奎玉、王志、世亭、居庆元、刘印章、耿玉林。

【碑阴面】

铭曰：先生之闲气之所钟也！何生而有异于人？脱令壮年，仗剑以从军，吾焉知其所不扫荡乎烟尘？即不幸而为隐君子，亦可蠖屈以完身。乃郁晳而白圭有玷，岂其有隐痛，而生不逢辰？然身虽泯，而名则荣。其谁曰，不抱璞而全生。呜呼！自古燕赵，多慷慨悲歌之士。不禁抗怀屠狗，独黯然其销魂！

大清癸未春

铁岭贵荣撰，沈阳清山书

董海川先生墓志铭（一九八二年碑铭）

董公海川，河北文安人，约生于嘉庆十八年，殁于光绪八年冬。公生年壮举颇多，初集幼学拳技，汇南游见闻，提练击闪制胜之巧，采纳练神导气之方，始创转掌，首授京畿。未数年，高徒辈出，艺惊武坛，乃取易理析拳理，藉八卦名掌术，故公即为此门鼻祖。岁在辛酉，再传门人李子鸣等四百又四十二人群力同心，起枢移葬，今墓碑新成，嘱晚生铭文，以志记念。壬戌春立。

程廷华先生小传

程廷华先生，直隶深县人，居北京花市大街四条，以眼镜为业。性喜武术，未得门径。后经人介绍拜董海川先生为师，所学之拳，名为游身八卦连环掌。自受传后，习练数年，得其精微，名声大振，人称之为眼镜程，无人不知之也，同道之人，来比较者甚多，无不败于先生之手者，因此招人之忌。一日晚，先生由前门返铺中，行至芦草园。正走时，忽闻后有脚步声甚急。先生方一回头，见尾随之人手使砍刀一把，光闪耀目，正望着先生之头劈下。先生随即将身往下一缩，倏忽越出七八尺，其刀落空。旋即回身，夺其刀以足踢倒于地，以刀掷之，曰："朋友，回家重用功夫，再来可也。"不问彼之姓名，徜徉而去。当时有数人亲眼见之。在京教授门徒颇多，其子海亭，亦足以发明先生技术之精奥者矣。

程廷华先生论八卦拳之道

练八卦拳之道，先得明师传授，晓拳中之意义，并先后之次序。其实八卦，本是一气变化之分（一气者，即太极也），一气仍是八卦、四象、两仪之合。是故太极之外无八卦，八卦、两仪、四象之外亦无太极也。所以一气八卦为其体，六十四变，以及七十二暗足，互为其用。体亦谓之用，用亦谓之体，体用一源，动静一道。远在六合以外，近在一合身中。一动一静，一言一默，莫不有卦象焉，莫不有体用焉，亦莫不有八卦之道焉。

其道至大而无不包，其用至神而无不存。若是言练，先晓伸缩旋转圆研之理。先以伸缩而言之。缩者，是由高而缩于矮，由前而缩于后。从高而缩于矮之情形，身子如同缩至于深渊；从前而缩于后之意思，身体如同缩至于深窟。若是论身体伸长而言之，伸者自身体缩至极矮极微处，再往上伸去，如同手扪于天，往远伸去，又同手探于海角，此是拳中开合抽长之精意。古人云："其大无外，其小无内，放之则弥六合，卷之则退藏于密。"所以八卦拳之道，无内外也。研者身转如同几微的螺丝细轴一般，身体有研转之形，而内中之轴，无离此地之意也。旋转之，是放开步法，迈足望着圆圈一旋转，如身体转九万里之地球一圈之意也。至于身体刚柔，如玲珑透体，活活泼泼，流行无滞，又内中规矩，的的确确不易。胳膊百炼之纯钢，化为绕指之柔；两足动作，皆勾股三角；两手之运用，又合弧切八线。所以数不离理，理不离数，理数兼该，乃得万全也。将此道得之于身心，可以独善其身，亦可以兼善天下。身之所行，是孝悌忠信。无事口中可以常念阿弥陀佛，行动不离圣贤之道，心中亦不离仙佛之门。非如此，不足以言练八卦拳术也；亦非如此，不能得着八卦拳之妙道也。

铁恩方述程廷华先师言曰："善哉！程祖所云，皆八卦掌妙道之真谛。深感师祖传授教导之恩，吾辈后生，宜时时予以深切研悟而修炼之。但晓练神导气之功理，奏心身修养之良效，则人生之真正幸福得由之而享矣！美哉！愿共勉之"。

五代后生铁恩方敬颂

一九九八年二月